大学生讲述的扶贫故事

Daxuesheng Jiangshu de Fupin Gushi

洪名勇 主编

中国财经出版传媒集团
经济科学出版社
Economic Science Press

图书在版编目（CIP）数据

大学生讲述的扶贫故事／洪名勇主编．——北京：
经济科学出版社，2021.12
　ISBN 978 – 7 – 5218 – 3069 – 9

　Ⅰ．①大⋯　Ⅱ．①洪⋯　Ⅲ．①扶贫 – 概况 – 中国
Ⅳ．①F126

中国版本图书馆 CIP 数据核字（2021）第 232542 号

责任编辑：周胜婷
责任校对：郑淑艳
责任印制：张佳裕

大学生讲述的扶贫故事
洪名勇　主编

经济科学出版社出版、发行　新华书店经销
社址：北京市海淀区阜成路甲 28 号　邮编：100142
总编部电话：010 – 88191217　发行部电话：010 – 88191522
网址：www.esp.com.cn
电子邮箱：esp@esp.com.cn
天猫网店：经济科学出版社旗舰店
网址：http://jjkxcbs.tmall.com
固安华明印业有限公司印装
710×1000　16 开　11.75 印张　200000 字
2022 年 3 月第 1 版　2022 年 3 月第 1 次印刷
ISBN 978 – 7 – 5218 – 3069 – 9　定价：68.00 元
(图书出现印装问题，本社负责调换。电话：010 – 88191510)
(版权所有　侵权必究　打击盗版　举报热线：010 – 88191661
QQ：2242791300　营销中心电话：010 – 88191537
电子邮箱：dbts@esp.com.cn)

本书编委会

编委会主任　庄　勇
主　　　编　洪名勇
成　　　员　邹年娟　王志凌　许　鹿　胡　蓉
　　　　　　崔永霞　秦　虹　何　昕　陆卫群
　　　　　　王　松　王九龙　杨　柳　祝怀刚
　　　　　　徐双媛　董淑琴　徐中春

前　　言

　　党的十八大以来，在以习近平同志为核心的党中央领导下，全国人民上下一心，近1亿贫困人口实现脱贫，取得了令全世界刮目相看的伟大胜利。在这次脱贫攻坚战役中，全国各地都涌现出了无数脱贫攻坚先进典范，他们用实际行动为扶贫事业贡献了自己的力量。深入调查和研究这些扶贫故事，对于推进乡村振兴、社会进步具有重大意义。作为新时代的大学生，通过深入调查，从各个角度记录和呈现当代扶贫攻坚的全景和细节，既有助于认识社会、认识中国，又有助于提升大学生的各方面能力。基于此，贵州大学公共管理学院发起"扶贫、脱贫故事（调查报告）"征文活动。面向全院本科生、研究生征集田野调查作品。发起这次活动的原因：一是中国脱贫攻坚战的胜利是人类战胜贫困史中的伟大奇迹，至今为止没有一个国家说自己消灭了贫困，只有中国在中国共产党的领导下，通过全国人民的共同努力，打赢了这场攻坚战。作为新时代的大学生，通过深入调查，了解、记录这场攻坚战的人和事，责无旁贷。二是大学生深入村庄、深入社区、深入农户、深入企业，调查、了解广大干部和企业是如何帮助农村脱贫、如何进行扶贫的，农户是如何脱贫的，村庄是如何脱贫的，不仅可以深入了解社会，而且还可以学习伟大的脱贫攻坚精神。脱贫攻坚精神不仅是中国取得脱贫攻坚胜利的重要法宝，也是新时代大学生在校勤奋学习的重要动力，更是大学生毕业后建设新时代中国特色社会主义伟大事业的精神力量。三是大学生深入扶贫一线、脱贫一线，将理论与实践结合，能提升他们对课堂所学知识的理解。四是社会调研是增进大学生对国情了解的有效途径，是培养他们知国爱国的有效方式，是实践育人的重要载体。

　　这次活动不仅是贵州大学公共管理学院作为学校"三全育人"试点学院

开展的内容之一，同时，也是在我们承担的教育部新农科项目"农林学科创新创业人才培养三维实践模式"以及学院新文科建设背景下，为提升人才培育质量，实现学院高质量发展，推进"以知塑型，以德铸魂"的经管法人才培养模式研究的系列教学改革与研究内容之一。这次活动得到全院师生的广泛参与，我们从征集到的调查作品中评选出部分优秀成果汇编出版。

洪名勇

2021 年 11 月

目　　录

1　扶贫路上显担当　实干苦干暖人心
　　——记武隆区火炉镇筏子村第一书记郭守顺
7　张书记的"战斗"时光
11　他们和春天一起走来
16　先富带动后富，齐心摆脱贫苦
21　心有所信，方能远行
26　昔日穷山沟　今朝小康村
30　最特别的"礼物"
33　用心驻村　用情帮扶
37　春风拂过"杨柳树"，扶贫吹响新号角
41　我在长田村的那一年
45　扶贫春风吹入上寨村
51　济贫"药方"
54　马书记的大挎兜
58　研究生第一书记带领村民脱贫
61　一个贫困生的求学之路
66　遵义"书励基金"：为贫困学子圆大学梦
72　一路同行，幸福启航
75　三尺讲台燃岁月　教书育人助脱贫
80　用心用情，温暖"小家"，共筑"大家"
82　村子里的狗尾巴草

87　勇当先锋　奋斗一线

91　麻山开出坚韧之花

95　蓼皋脱贫攻坚的女英雄

100　脱贫攻坚，从基层出发，从小事做起

103　"藏"在深山里的人
　　　——刘红英

107　坚守之责，振兴之任
　　　——记扶贫干部向振兴

110　暖阳积蓄在奋斗中

115　让青春在脱贫攻坚中闪光

118　"电话里"的妈妈

122　努力奋斗的"养蜂哥"

126　用生命唱出瑶山脱贫故事

129　让脱贫绽放教育之花

132　莫小会与巾帼龙头企业的养殖扶贫之路

137　我家医生和教师的兼职工作

142　促进乡村发展的"带头人"

146　脱贫攻坚下的乡村建设

148　贫困户"智"富

151　扶贫岁月长，一点茉莉香

154　将热血青春洒在异地他乡

159　"扶贫"路上"最可爱的人"

163　我身边的脱贫与扶贫故事

167　小小螺丝钉，不凡的精神力

170　我身边的脱贫人

173　摸排清底、技术清零
　　　——马蹄镇产业致富之路

177　走进易地搬迁扶贫社区

扶贫路上显担当　实干苦干暖人心

——记武隆区火炉镇筏子村第一书记郭守顺

脱贫工作是事关民生工程、祖国千秋大业和群众奔小康的重大使命，党的十八大以来，在以习近平同志为核心的党中央领导下，全国人民上下一心，站在全面建成小康社会、实现中华民族伟大复兴中国梦的战略高度，把脱贫攻坚摆到治国理政突出位置，做出一系列新决策、新部署，推动中国扶贫事业取得巨大成就，近1亿贫困人口实现脱贫，取得了令全世界刮目相看的伟大胜利。在这次脱贫攻坚战役中，全国各地都涌现出了无数脱贫攻坚先进典范，他们用实际行动为脱贫攻坚贡献了自己的力量。在我的家乡，就有一位这样的脱贫攻坚先进典范。在寒假期间，我对他进行了采访，了解了他在扶贫期间为贫困乡镇脱贫做出的贡献，并带领人民走向更好的生活，他就是重庆市武隆区火炉镇筏子村第一书记郭守顺。

2017年郭守顺同志接受组织安排，到火炉镇筏子村担任第一书记、驻村工作队队长。自接到组织任务，担任第一书记以来，郭守顺同志以"时不我待、只争朝夕"的紧迫感和使命感认真履职，充分发挥个人最大能力优势、资源优势，积极调动驻村工作队员、村"两委"干部以及当地群众的积极性和主动性，通过抓党建夯基础、抓脱贫强民生、抓经济促发展、抓服务增福祉，推动经济社会发展取得显著变化。通过郭守顺同志的努力，筏子村贫困落后的面貌焕然一新，得到上级、群众的充分认可和高度肯定。

一、抓住关键，一点一点赢得信任

郭守顺同志初到筏子村时，他深知只有全面摸清实情才是做好脱贫攻坚工作的关键和前提,于是他第一时间组织召开党员大会,但令他没想到的是,全村50名党员仅到了18名,会议效果不佳。他通过深入调查发现,筏子村竟连续3年未发展党员,党员老龄化、能力弱、责任心不强、后备人才不足,多数党员专注于自己的事,集体观念弱,党性意识不强。面对如此困境,郭守顺怀揣着真诚的心一个个走访村"两委"干部、党员、村民代表和村民小组长,逐渐熟悉了村情现状,"沉下去"与党员打成一片,用真心交朋友,真正做到将基层实情了然于胸。在了解当地基本情况后,他以大家反映最集中的缺水、路烂、产业设施落后、销售渠道窄等问题为着力点,突出村民主体作用,围绕干什么、怎么干、干到什么程度,走村入户广泛征求党员群众代表意见,牵头编制《2018—2020年筏子村脱贫攻坚实施方案》,其中包括基础设施建设、产业结构调整、危房改造、生态文明建设等25个项目,估算投资6800余万元,他通过真抓实干、真情帮扶的工作作风,顺利完成了筏子村脱贫工作第一阶段的扶贫工作。

二、真抓实干,一步一步落实任务

方案编制定稿后,解决资金难题是关键。他充分利用在发展改革委等相关部门的工作经历,三年时间里"跑上跑下"积极争取资金5893万元,使得人饮、公路、绿化、路灯、土地整治、人居环境、村集体经济厂房等大批项目得以顺利实施。

自脱贫工作正式展开,三年来,筏子村新建公路、产业路共72千米(其中油化公路5.5千米),人行便道5.6千米,土地整治面积达1500亩。群众的切身利益,一直是郭守顺同志工作的出发点和落脚点。为了方便群众的出行,郭守顺东奔西跑争取资金,切身参与道路建设工程中,使海拔1000~1360米的瓦子屋基组全体农户实现了户户通硬化路;饮水问题关系着人民的生活,而筏子村和向前村2800余名群众几十年来饱受饮水难题的折磨,郭守顺通过实地考察,深入研究,从14公里之外的仙女湖成功引水彻底解决了两村的饮水问题;当地学生的就学问题时时牵动着郭守顺的心,为了孩子们能够正常接受教育,他联系爱心人士为困难学生和大学新生捐赠10.8万元,解决了学生的就学问题。

他就是这样一点一滴地用心做事，在挥洒汗水的同时，也获得了全村村民的信任，大家都亲切地叫他：顺书记。

三、关爱关怀，一丝一丝获得民心

无论筏子村多小的事，大家都能看到郭守顺的身影，他总是第一时间赶到、尽快提出方案、迅速落实解决。在得知筏子村小王在大学上学期间因患肺结核无钱治病而返乡的情况时，他第一时间联系爱心人士为其捐款，并对接区疾控中心及时治疗，经过半年的医治，小王顺利返校继续完成学业。贫困户老杨单身，因患重病瘫痪在床，住院治疗后一直无人护理，也无法办理出院，郭守顺得知情况后便自己掏钱租车将老杨送回家中，并三番五次做其哥哥思想工作，协调落实后期护理费用，保障其正常生活。

2021年春节期间，在忙碌的村（社区）"两委"换届、"两不愁三保障"排查、防疫宣传、脆桃冬管工作中，郭守顺和村干部们见缝插针地对村民过年情况进行询问、关心。"前两天我们去了老田家，得知他的娃儿决定不回来过年了。在屋里转了转，发现他家里没剩下什么蔬菜。"郭守顺说。他们很快从当地的蔬菜基地购买了一些菜品给老人送去。根据调查，村里像老田这样仅老人留在家中过年的有20多户，担心这些老人在家过年太冷清，村里决定把这些家庭组织起来"搭伙"过年。"考虑到人员不能大量聚集的问题，我们计划按照9个党小组划分，就近将两三户人家凑成一桌热闹热闹。"郭守顺介绍。得到消息的村民们均纷纷备好自家的腊肉、土鸡、蔬菜等食材，只等一起下厨，办一桌丰盛的年夜饭。谈到自己年夜饭的着落时，郭守顺笑了："大家盛情难却，我到时也带着爱人去村民家搭个伙，感受一下别样的农家年夜饭。"

四、因地制宜，一户一户发展产业

俗话说：火车跑得快，全凭车头带。郭守顺联同村"两委"召开专题会议，讨论确定了全村产业发展思路，注重精准施策、因地制宜、长短结合，短期主要依靠每年到户发展资金以及农业产业相关政策支撑，发展生猪、山羊、烤烟、蔬菜、西瓜等周期短、见效快的产业，长期则大力发展脆桃、脆甜蜜李等主导产业。同时利用全村海拔落差较大的特点，发挥立体农业资源禀赋优势，打造差异化产业布局。

他还运用自己在区委组织部工作获得的知识，积极推动党组织设置由"组织覆盖"向"功能提升"转变，将全村50名党员划分出一个网格单元，就近分片构建出一张专业化、便捷化、长效化的党员志愿服务网络——"党员1小时服务圈"，实行网格化管理，面对面为群众提供服务，保驾护航全村产业发展。同时，积极探索实施"党支部+社会组织"的设置运行模式，构建以村党组织为核心、经济社会服务组织为补充的产业发展体系，把支部建在产业链上，固本强基，把党员放在产业链上彰显作用，先后成立仙女脆桃产业技术协会、果业协会，并和果业协会党支部一起将协会里的9名产业大户党员聚拢起来为产业链的各个环节服务。

五、付出就有收获

一分耕耘一分收获，如今的筏子村基础设施日趋完善、产业发展势头猛劲、社会治理显著好转、乡风文明蔚然成风、基层党建逐步夯实，贫困发生率由2014年的10%降至2020年的0，人均纯收入从2017年的4346元增至2020年的15680元，集体经济收入2.9万元，成功摘掉了"贫困帽"。2018年获评国家农业农村部第八批全国"一村一品"示范村镇，2019年获评重庆市休闲农业与乡村旅游示范村。前来考察的单位越来越多，赏花摘果的游客越来越多，返乡回村的村民也越来越多，而这一切，离不开第一书记郭守顺的辛勤付出，离不开驻村工作队和村社干部的扎实工作，离不开全体村民的艰苦奋斗。脱贫攻坚的大幕即将落下，而乡村振兴的画卷已在筏子村土地上徐徐展开，"花果飘香、桃李筏子"的这个美丽之地定会迎来新的发展机遇。

2019年，在筏子村脱贫攻坚的关键时期，郭守顺同志不幸罹患脑瘤，病情十分严重，需数月时间治疗康养，然而手术后未等身体完全康复，他就悄悄回村继续挑起工作大梁，誓以不获全胜绝不收兵的信念打赢攻坚大决战。郭守顺同志在以习近平同志为核心的党中央坚强领导下，深学笃用习近平新时代中国特色社会主义思想，全面贯彻落实中央决策部署和市委工作要求，坚持求真务实、敬业奉献的精神，统筹推进疫情防控和贫困村筏子村发展，全力以赴战疫情、战复工、战脱贫，荣获2020年度"重庆市担当作为好干部"的称号。

[感受体会]

在党中央坚强领导下，在全党全国全社会共同努力下，我国脱贫攻坚取得决定性成就，成功夺取全面胜利。"脱贫摘帽不是终点，而是新生活、新奋斗的起点。"① 习近平总书记铿锵有力的话语，引起了广大人民群众的强烈共鸣。

脱贫攻坚是时代赋予每一个扶贫工作者的时代任务和光荣使命。作为扶贫工作者，要识时局，顺时势，不辱使命，勇于担当，加快脱贫进程；要争做脱贫路上的"带头羊"，充分认识当前脱贫攻坚的任务，以实际行动带领更多人投身进入扶贫工作中，在带头做好本职工作的同时，把脱贫攻坚工作抓好抓实，切实做到"两手抓、两不误"，以不脱贫不罢休的坚定决心和顽强毅力带领人民攻坚克难。

脱贫是当前和今后一个时期最大的任务，也是国家的重大发展机遇，统揽经济社会发展全局。我们要认真贯彻总书记系列重要讲话精神，不断学习充实理论知识，用正确理论指导实践，在实践中丰富自我，始终把党和国家利益、人民利益放在第一位，担责不误、临难不却、履险不惧、受屈不计。

每一位扶贫工作者都是这个时代最伟大的英雄，他们在扶贫的艰辛道路上不畏艰险、砥砺前行，他们用自己的辛勤汗水铺就人民群众的幸福路，只为致富奔小康的关键时刻，将最美丽的花朵绽放在老百姓幸福的笑脸上，他们这种不畏牺牲、无私奉献的伟大精神，值得我们学习。在国家利益、人民利益面前，他们选择了牺牲自己，选择了奉献。他们不忘初心、牢记使命，

---

① 习近平出席决战决胜脱贫攻坚座谈会并发表重要讲话［EB/OL］. http：//www.gov.cn/xinwen/2020-03/06/content_5488151.htm.

毅然决然扛起脱贫攻坚的大旗，秉持着吃苦在前享乐在后的精神，用汗水去描绘全面小康的蓝图，为打赢脱贫攻坚战而奋斗，为广大贫困群众开创了通向美好未来的康庄大道。

之所以阳光普照，是因为有人尽忠职守，我们呼吁更多的有为青年投身到全面建设小康社会的战斗中来，向无数为脱贫工作无私奉献的先进典范们学习，为实现两个一百年奋斗目标贡献自己的力量！

（行管191 代季鹭）

张书记的"战斗"时光

不是世间所有的工作都能用战斗来形容,但是我想中国的脱贫攻坚绝对可以。虽然没有枪林弹雨,但它可以说是人类社会历史上最伟大、最浩瀚的工程,余庆县构皮滩镇齐坡村驻村第一书记——张波便是这次伟大工程中的一员,他和他的"战友"一起,历经了一段"战斗"时光。

一、战前准备之调动群众

张波书记于2018年从部队回到地方工作,他凭借自己在部队的韧劲和满腔热血,积极主动地申请到脱贫前线——构皮滩镇齐坡村工作。群众工作的开端当然是调动村民参与的积极性。在此之前,张书记逐一走访全村的贫困群众,到村里的田坎上和村民们谈心,了解群众的所思、所想、所盼。全方位了解农户需求后,便针对不同对象,编制宣讲方案,有时是开宣讲会,有时是直接入户讲解,确保将国家当下的扶贫政策措施向群众解读清楚,鼓足他们的精气神,做好全力脱贫的准备。

解读清楚政策需要很多时间,为了不影响村民的生产活动,张书记基本将宣讲放在晚上的"坝坝会"上。有一次,张书记到靠近天文镇的村民组宣讲,由于内容稍微有点多,结束的时候天已经黑了,大家徒步走在驻村宿舍的路上,尽显疲惫却又万分兴奋,因为在路上听到有村民在聊当日的宣讲内容。张书记和他的战友们一路上总结这次宣讲的得失,正值交流兴头时,有一位战友的手机铃声响起来,是《风雨夜归人》,张书记笑着说:"哈哈,我们也是一群夜归人啊!只要能打赢这场脱贫攻坚战,我愿意天天做夜归人啊!"

二、战斗初始之鞋的丈量

如果说脱贫攻坚战的胜利果实有一个表示改善力度大小的排名,那基础设施——道路的改善理应排在第一名。刚到村里的时候,脱贫攻坚小组的战友早已料到会爬泥泞的山路,都穿上了经典的登山鞋,但是没想到鞋子遇水后瞬间改变了它原来的模样,内里叠加了一层软塌塌的"水垫",外层则挂上了一副"泥巴盔甲"。张波书记笑说这仿佛回到了自己在部队参加训练负重前行的日子。有了初来乍到的经验,张书记和他的战友不约而同地换上了解放鞋,防滑的同时清洗也更加方便。

在"要致富,先修路"的理念下,张书记带领脱贫攻坚小组协调专项扶贫资金用于村里的道路建设,从进入村民组的大路开始不断硬化,最终全村每家每户的入户路全部修建完成。张书记和村民们的鞋能更加自由地去丈量这次"战斗"带来的成果了。

三、战中绝招之产业调整

只有产业扶贫到户,才能凿出致富好门路。张书记以全新的致富思路理清了齐坡村的优势和现有产业结构存在的问题,充分利用集体经济资源,通过打造"支部+合作社+企业+农户"的产业模式促进村民增收。

村党支部首先建立了奖励机制吸引社区精英调动自身资源去招商引资,发展茶叶加工厂。然后,合作社赊销育苗给村民并与企业签订收购合约,双管齐下,极大地调动了村民的生产积极性。同时,将土地流转出去的农户可以在家门口的茶叶场做工赚钱。经过张书记和战友的努力,齐坡村形成了以2000亩茶叶为支柱,烤烟、经果林次之,花椒为辅的产业。同时,通过政企合作建立了3处6栋温氏养殖场,规划养殖生猪存栏8000余头。这为齐坡村打赢脱贫攻坚战奠定了夯实的基础。

四、战后成果之狗的熟稔

　　齐坡村不算特别大，但是下辖的 22 个村民组很分散，有的人家接近黔南地带，骑摩托车都要走好久，张书记本计划一周走访完，结果硬是花了近两个月。其中有一农户，他家靠近瓮安县，每次张书记去的时候，他们家就已经去忙农活了，而张书记也等不到晚上他们回来，一次又一次前往，农户一家还没见过扶贫小组，倒是农户家的看门狗对大家已经熟稔起来，不会再像前两次去那样"汪汪汪"地大咬大叫，而是像小孩子一样靠近扶贫小组的成员们，熟悉地在大家面前跑来跑去，仿佛是看到家人一样地摇晃着小尾巴。一同前往的村干部对张书记说："书记，你看，我们搞得连人家的狗都亲热了"，张书记也笑呵呵地打趣道："哎呀，狗最通人性了，它晓得我们不会拿它家的东西，晓得我们是带好政策来的，不然不咬翻天？"

　　就这样，张书记带领扶贫小组，熟稔了一家又一家的狗，就为了把能够落实到位的政策给村民们讲清楚，把大家的心气引导到全力致富上面去。

[感受体会]

　　我想，作为社会工作硕士专业的研究生，只有以一个观察者或者参与者的身份进入田野进行调查，才能更加客观地发现问题，并在这一过程中学会做人、做事。毕竟社会工作是一门与人打交道的学科，若是对人与人生活的环境都极其冷漠，那必然是做不好学问的。

　　我很感激我的导师王婧老师，在研究生生涯的第一个学期就引导我们进入城中村进行调查，同时也安排我们寒假进入自己家附近的村庄走访、观察并坚持写调查日志，这都为这次实践奠定了很好的基础。而在此次实践中，我更加清楚了如何选择"有特色"的调查点，到村委会调研怎样沟通才能获取支持，以及选择什么样的熟人带着我进场等。我觉得最大的提升有两点：一是如何在无结构访谈中引导受访者谈论到自己感兴趣的问题；二是问题意识的提升，会用专业视角去看村落。这些都是我在课堂内学不到的。

　　老师们总是说我们的问题意识不足，但是并没有告诉我们到底应该如何来培养、提升自己的问题意识。我想除了课堂上的理论方法学习以外，更重要的还是要进入田野，你会发现纯粹的书本知识与中国本土没有办法完全契合，我们需要不断地试错，在田野里进进出出，才能看清世事、清晰全貌、发现问题、介入问题、解决问题。

（社会工作 2020 级　黄钦）

他们和春天一起走来

2012年3月的某天,天气不大好,我背着书包站在羊场小学办公室门口,老师们此起彼伏的批评声不断传来,可能又是因为学生们没完成寒假作业吧。听着声音消停了些,我攥着自己的作业本走进去。

"你是从外省新转来的同学吗?"

"是的。"

"给我看看你的作业本。"

"做得不错,你登记一下,明天直接来上课吧。"

……

在她填写档案的空隙,我悄悄打量着,这个即将成为我班主任的张老师:匀称的身材,剪到眉毛之上的碎刘海,圆圆的鼻头,温温柔柔的声音,我怎么都无法把眼前的她和"严厉""魔头"这些尖锐的词联系起来。一年半之后,我顺利从羊场小学毕业,去了县里的重点初中上学,从那时起,我和她的见面次数屈指可数,但即使这么多年过去了,在我心里,她仍然是我所遇见的老师中最温柔的一位。

几年前,我听说她不再当老师,调到了县教育局上班。又过了不久,2017年11月,她作为龙里县脱贫攻坚第一批驻村队员被调整到教育局包保的另一个贫困村——金谷村,从那时起,我经常从她的社交平台上看到她下乡扶贫的消息,照片中的她,全然没有了以前的精致:穿着黑不溜秋的大衣,双手提着满袋的东西走在弯曲泥泞的小路上,抑或是在破烂的房子里头,诚恳地听着老乡说话,继而迅速记录在本子上,或许这背后还有很多不为人知的细节,但从那仅有的照片里,我着实只能想象出这为数不多的生动画面。

某一天我偶然看到她的朋友圈，才发现，在下乡前不久，她曾经历了她一生中最悲痛的时刻。

2016年9月，她查出自己怀了双胞胎，其实这个消息对当时的她来说并不全是惊喜，在这之中，忧虑占了一半。一是自己年龄并不小了，同时怀了两个孩子对她的身体来说的确是个负担；二是当时的工作压力很大，她的儿子也才刚上六年级，对于家庭和工作之间的取舍，很难。在认真考虑之后，张老师和她的丈夫决定接受这份"生命的礼物"，全家人都对这两个小生命充满了期待，或许，她已经想过要给孩子准备什么样的衣服，取什么样的名字，上什么样的小学……

但，孩子，没保住。

"我以为只要检查正常，我的宝宝就会健康地来到我身边；我以为下个星期的四维彩超会顺利通过；我以为三月份就可以安心在家待产了；我以为下个学期会一直有时间陪儿子度过六年级的最后一个学期；我以为我很幸运能拥有双胞胎宝宝；但是一切就是那么的突然，那么的毫无征兆，原来命运并不是你想怎样就能怎样，曾经以为的，原来都不一样……"

即使已经过去了将近5年，今天的我再次看到这段文字，仍然悲痛不已，很难想象当时躺在手术台上的她，是怎么渡过这一个生理心理双重折磨的难关。而之后的几年，在下乡扶贫的小路上，在办公室敲打的文字里，在深夜幽暗昏黄的灯光里，她会不会想起这一双没出世的孩子？我理了理思绪，继续向她咨询了一些扶贫工作上的经历。

"在下乡扶贫的过程中有没有比较难忘的瞬间，或者比较难忘的故事呢？"

"太多了。"

就这样，我了解到了另外一个人，另外一个故事。

在金谷村工作期间，她认识了唐玉成。"他虽然只是这场'战争'中最普普通通的一名战士，但是在驻村期间，他为人朴实、憨厚、勤劳，工作积极、认真、主动，他做的每一件事都深深体现出他对这份工作的热爱，对他家乡人民的热爱。"这是张老师对唐玉成的评价。

龙山镇金谷村距龙里县城32千米，是龙山镇贫困户户数最多的村，也是贫困发生率最高的村，属于省级一类贫困村。

因为唐玉成是龙山镇下派的小康驻村干部，除了精准扶贫驻村工作组安排的工作外，还要完成原单位安排给他的工作。由于无法熟练操作电脑，他的很多工作都是通过手写脑记后，再花大量的时间录入电脑进行整理，才发给陈家元组长进行汇总。唐玉成个子不高，外表敦实憨厚，因为有些耳聋，在脱贫攻坚工作推进中显得要比其他驻村队员困难，也常常因为在工作中拖工作组的后腿而被大家拿来开玩笑，但是他从不生气，反而还以此为笑点幽默地逗大家开心。工作期间，他们七人天天挤在一间不足20平方米的办公室里办公，工作环境差、工作苦、工作累他们都不怕，但常常会为工作进度慢、担心工作做不到位而发愁。唐玉成总是开导队员们说："大马过得江，小马过得河，不要怕，政府工作、农村基层工作就是这样的，总会有办法的，要不国家花这么大力气、下派这么多精兵强将来驻村、搞精准扶贫做什么。"包寨扶贫的几个同志无论谁在工作上遇到了难题，只要叫唐玉成一声，他马上就能放下手里的工作和同志们一起下队进寨子开展工作，从来不计较个人得失。

在他驻村期间，他不仅熟知他所包保的摆长组的每一户贫困户信息，还能十分准确地说出摆长组每一户村民家的情况。每天休息之余他都积极投身到摆长组群众之中了解情况：谁家有几口人，有几个孩子，在哪里打工，孩子在哪里读书？哪家是危改户，是哪一年得的，当时得的补助资金是多少？哪家的住房安全指标是危险，需要进行危整？……他把每一家的情况都熟记于心。

因金谷村金下组一直找不到合适的水源饮水点，每到枯水季节村民们的生活饮用水总是会供应不足，需要到寨子上的水井自己挑水用。于是，每天早晨唐玉成总是最早起床，收拾好自己后进行一个小时的晨练，晨练结束便主动承担起工作组十多个人生活用水的挑水重任，无论天干下雨，工作组装生活用水的几口大缸总是满满的。知道组里的两个女同志爱干净，他还笑呵呵地对两个女同志说："水你们尽管用，用完了我再挑。"因为常常加班到半夜两三点钟，两个女同志要自己拿桶提水到寝室去用，他担心路上会不安全，索性直接挑着水护送女同志回宿舍。

因为水落洞组、谷朗组、窝寨组都是苗族居住的寨子，年轻人大部分都到外面去打工了，留在家里的就剩老人和小孩，村民基本上都听不懂普通话，交流起来很困难，开展工作很是被动，唐玉成是苗族，且会说苗族语，在完成自己的工作之后，便义务当起了翻译，为采集信息、合医收缴、精准扶贫等工作提供了很大的帮助。

在驻村工作组和金谷村村委会的共同努力下，金谷村共接受投资698余万元，先后实施了改房、改路、改厕、改厨、改圈、改水、改电等工程，7个村民组家家户户通水泥路。投资的250.8万元全部落到实处：金刚凹至坪子上村民组及谷朗至新场村民组修路共3.3千米；全村完成通组水泥路1.5千米，串寨路933米，连户路870.4米，独户路1445米，家家户户用上安全水、住上安全房、安装有广电云。村里还种植了刺梨2000亩、海花草2000亩，种植各类蔬菜、金银花350亩，覆盖全村贫困户。经过对金谷村几年的一对一帮扶，金谷的水泥路通了、路灯亮了、自来水进家了，寨子里干净整洁又漂亮，农民们有自己的产业、有分红，提前过上了幸福小康的生活，看到焕然一新的村子，看到村民们由衷的笑容，他们欢呼着、跳跃着，互相拥抱，一路上的坚持、辛苦都没有白费；汗水、泪水、鲜血都没有白流……在2017年新年贺词中，习近平总书记提出的"小康路上一个都不能掉队！"的承诺，他们做到了，因为他们用自己的足迹丈量了"脱贫攻坚的二万五千里长征"。

2018年10月，张老师顺利回到原单位工作，因为唐玉成是龙山镇小康驻村干部而被留在金谷村继续工作。

2019年8月，唐玉成在龙山镇参加会议的过程中突发疾病，经贵州省人民医院确诊为肝癌晚期，于2019年11月在龙里县人民医院医治无效不幸去世。

"精准扶贫"，前无古人，借助精准扶贫的东风，一户户贫困户脱贫，一个个贫困县"摘帽"，一个个革命老区变成了富裕新区，一个个穷乡僻壤的小村落变成了社会主义新农村。唐玉成却再也看不见了，只留下家乡老百姓对他的一声声赞美，以及我们对他的深深思念。

时代的进步总需要有人愿意去奉献去牺牲，在这条路上，有千千万万个和张老师、唐玉成一样的人，他们有着自己的喜怒哀乐，有着自己的经历，有着自己的故事，但他们共同奔赴在扶贫的道路上，这是他们的战场，也是属于全国人民的战场。

中国扶贫工作的辉煌成就,就是广大扶贫工作者干出来的!他们无私奉献,为中国的扶贫脱贫事业带来了春天,他们和春天一起走来。

即使经历诸多苦难,仍然怀抱赤诚之心在自己的岗位上默默奉献,这就是我的张老师,她永远是我记忆中的样子,温暖、善良、坚韧,希望她永远幸福。也希望千千万万和张老师、唐玉成一样的人,平安、幸福。

[**感受体会**]

自从开展扶贫工作以来,无数个扶贫工作者走村串户,访贫问苦,以自己的一颗真心,助力脱贫攻坚。几年来,不论严寒酷暑、雪天、雨天,他们都风雨无阻,以满满的热情投身在扶贫工作中。在这个过程中,他们行走在泥巴路,进出于土坯房,见过还未破晓的天空,熬过无尽的黑夜,这中间产生了多少故事,闪现了多少个感人的镜头,留下了多少动人的画面,没有人刻意记录,但它们永远存在。

(行管192 罗湘)

先富带动后富，齐心摆脱贫苦

阳春二月，严冬的寒气似乎还未退去，山林田野间却已早早地散发着初春的气息。伴随着雄鸡高亢的第一声鸣叫，天边曙光乍现。趁着旭日东升之际，我漫步在"草色遥看近却无"的田埂上，尽情感受这难得的春意。

清晨的空气总是那么新鲜，略微湿润的空气中混杂着泥土的清香。在农村人眼里看来再平凡不过的一个早晨，对久居在城市里，见惯了灯红酒绿的人而言，要享受这样的美好时刻，也是一件多么奢侈的事情啊！沿着田垄继续向前走，我目光所及之处，皆如画卷。有几处人家的门前栽种的梨子树、李子树已经抽出点点新芽；树枝间悬挂着晶莹剔透的露珠，在阳光的映射下显得光彩夺目。不远处的一棵柏树上，正有几只不知名的鸟儿叽叽喳喳叫个不停，似乎也对眼前的美景赞不绝口，颇有一番"几处早莺争暖树"的诗情画意。放眼望去，漫山遍野的油菜花在晨光中何其烂漫！俨然一幅一挥而就的油画。

谁能想到这么美丽的风景，竟然也会出现在自己居住的小村庄里呢？红丰村——亭子坝镇的一个村落，昔日的穷乡僻壤，如今却变成了人们发家致富的好地方。许久未归，但从不曾忘记，若不是亲眼所见，我对这个村庄的印象，恐怕还停留在儿时的记忆中。这里是妈妈的故乡，大约在我七八岁的时候，父母为谋生计，不得不到沿海一带务工，留下我和外公外婆一起生活。那时回乡的交通不便，车费也不便宜，一年到头见到父母一次是我最快乐的时光，也是我当时最大的愿望。如此简单的一个愿望在当时的年代，却都难以实现。南宋著名词人辛弃疾曾有诗云"少年不识愁滋味"，可在当时还只是孩童的我，偏偏因上学这件事儿而烦恼。学校距离外公家很远，要走很长的一段路，这也就意味着我每天不得不起早贪黑准备去学校前的事宜。路程遥远，想要中午放学回家吃一顿热乎乎的饭几乎不可能，因此只能将中午要吃的饭菜提前用饭盒装好，带到学校里面去。天气热倒还好，要是遇到大冬天儿的，那饭菜送到嘴里真是拔凉拔凉的。遇到下雨天，坑坑洼洼的羊肠小道满是泥泞，好几次上放学的路上，我都因为脚底打滑而摔得满身泥巴。那时的红丰村，成了我最想逃离的地方，村里的许多年轻人也都纷纷选择外出务工，留在村儿里的大多数是年事已高的老人和像我一般年龄的孩子。

考虑到区域间教育水平的差异，我上小学二年级的时候，父母便把我接到他们务工的地方和他们一起生活，至此，那个给我童年留下不愉快的小村落，便渐渐淡出了我的记忆中。岁月匆匆，时过境迁，这次到外公外婆家来过年，路途中所见到的景象令我目瞪口呆，我不禁愕然，天呐！这……这还是我记忆中的红丰村吗？和之前贫穷落后的村庄相比，我眼前的种种景象表明，弹指一挥间，这里已然发生了翻天覆地的变化。平坦整洁的水泥路犹如一条银蛇，在村庄里蜿蜒伸向家家户户的房子前，道路两旁每隔一段距离还摆放有一个绿色外壳的垃圾箱。以前大片大片的青瓦木屋早已不见踪影，取而代之的是高大坚固的平房。不仅如此，基本上每家每户都有一辆摩托车，有几家房子的前院儿还停放着轿车。

到达外公家，屋内焕然一新的装饰格局也是令我大吃一惊。在儿时的记忆中，那间不大的木屋里除了摆放碗柜还有一张供吃饭用的桌子和几条木板凳以外，就没有什么家具了。就连咱们睡觉的床也是用干稻草铺垫而成，挤在一间阴暗的小屋里。而现如今，外公家的木屋由于扩建而变得明亮宽敞，各种新式墙纸贴在屋内的墙上，使得整个木屋散发着现代化的气息。原来尘土飞扬的泥巴地面，全部都已经铺上地板砖，在灯光的照射下亮堂堂的。见我一脸疑惑又诧异的神情，在茶余饭后的闲聊中，外公向我讲述了红丰村所经历的一系列变化，我也才明白昔日一贫如洗的小村庄已成长为今日聚宝之地的缘由。

一、领头致富好榜样

亭子坝镇地处两地三县交界处，素有"一步跨三县，鸡犬两地闻"之称。

亭子坝镇位于思南县所管辖的范围内，两地相距45千米，和西边的凤冈县城相距32千米，和北边的德江县相距49千米。不得不说，自身地理位置的优越性为其之后的发展打下了基础。

转眼间到了2021年，回想四年前，村里面长期在外打工的一名"70后"小伙儿，靠着多年打工积攒下来的钱，回来在亭子坝镇上租了一家店铺，经过一番简易装修，做起了服装生意，那也是镇上的第一家服装店。每逢赶集的时候，亭子坝镇便是人声鼎沸，来往间赶集的人络绎不绝。由于距离县城比较远，来回的车费都是好几十块，因此许多老百姓在挑选衣服时也就选择去他家。他家的服装是从广东沿海一带进购，不仅质量好，价格也很实惠，这也为他招揽了不少生意。在不到一年的时间里，他成了镇里面家喻户晓的人物，生意更是做得风生水起，直接买了租下的那家店铺。不少人瞄准了这一商机，也纷纷开起了自己的服装店。而这个时候，那名小伙儿却将自己的服装店铺出租转让给他人，自己又萌生出新的想法。

外公曾经干过村支书，讲起那小伙儿的创业故事，他眼里泛着炙热的光芒。外公接着讲到，那小伙儿名叫陈永进，他又靠自己做服装生意赚来的钱，将村里面的一个大水库承包下来，向里面投放了几千斤鱼苗。经过自己的科学化管理，曾经放进水库的鱼苗已经成长为鲜活硕大的肥鱼。他还在水库旁边修建了一个农家乐，花钱请村子里的人帮自己一起经营管理，这无形之中也带动了一批人就业。不仅如此，他还鼓励大伙儿大规模种植各类蔬菜水果。刚开始对于思想保守的村民而言，他这个想法简直不切实际。不少村民担心，道路不通畅，种出来的蔬菜水果往哪儿销售，有人要吗？如果滞销，那岂不是烂在地里？陈永进深知说服村民的唯一办法，就是用实际行动证明给他们看。于是，他在自家父母留下来的几亩土地上勤劳耕耘，种下了一些草莓和西瓜，还有好几种蔬菜。

二、干部帮扶固成效

"党的领导好呀！只要赶上了国家的好政策，你所做的事儿也就成功了一半。"外公说着突然拍了拍我的肩膀，继续说到，陈永进办好农家乐没多久，村"两委"班子召开会议，决定对村里面通往镇上的道路实施硬化。俗话说得好，欲脱贫致富，修路第一步。经过全村人的齐心协力，三个多月的时间，一条宽敞的水泥路修建而成。在信息化时代，想要让自己的产品广为人知，最重要的自然是宣传。于是陈永进请来县电视台的记者，对自己经营的农家乐做了一番绘声绘色的报道。别具一格的装饰，富有乡村气息的个性化服务，以及风光旖旎的田园生活，吸引了各地的游客慕名而来。他当时种下的蔬菜水果，由于规模较小，很快被游客们抢购一空。村民们见状，这才相信了他当初说的话，纷纷上门讨教规模化种植蔬菜水果的经验与技术。

自小就在村里长大，永进对自己生活的这片土地有着真挚的热爱，他曾经也一心想要改变红丰村发展落后的穷困面貌。现在眼看一条致富之路就在眼前，他怎么着也得好好把握住这个难得的机遇。他不仅耐心教授村民们科学种植与管理的相关技术，而且还向他们郑重承诺，所种植的农产品1/3内销，也就是销售给自己的农家乐，2/3销往周边各县城。由于种植出来的农产品品质优良，再加上红丰村得天独厚的自然条件，其肥沃的土壤根本不需要给农产品施加额外的化肥，属于天然的绿色无公害产品，因此在市场上广受欢迎。村民们光是凭借销售农产品获得的收入就是往年年收入的两三倍，品尝到致富甜头后，村民们也越发干劲儿十足，陈永进也因此更加坚定了自己最初的创业致富想法。

经过近一两年的不断发展，他不仅将自己曾经修建的农家乐更名为永进山庄，还在原有的基础上进行了扩建，增添了不少健身设施，供村民们强身健体。村子里要是有人要办酒席，更是可以直接免费在他的永进山庄举办。为践行习总书记"绿水青山就是金山银山"的发展理念，同时也为使得村民们居住在一个舒适宜人的环境里，陈永进还自己出钱购买了数十个垃圾桶沿路放置。这也不难理解，为何在来的路上我会看到那条水泥路如此干净整洁。

[感受体会]

亲身下河知深浅，亲口尝梨知酸甜。趁着在外公家待的那段时间，在空闲之余我便会四处走走，切身体验外公口中所说的关于小井头天翻地覆的变化。村里面多了许多年轻的面孔，有的人正忙着给自家的楼房加盖二三层，有的人在陪着家中的长辈看着液晶电视大屏幕里的电视剧，有的人围坐在一起下着象棋……他们的脸上都洋溢着阳光一般灿烂的笑容。

想起学院的老师们经常强调的一件事情，当今大学生不能只知道学习书本上的知识，所谓"纸上得来终觉浅"，现实生活中有许多问题是课堂上学不到的，也只有我们投身于实践中去才会有真切收获。值得肯定的是，自从党的精准扶贫政策全面实施以来，再加之各位坚守在基层一线的帮扶干部与群众的密切配合努力，我国贫困人口大大减少，贫困地区的面貌也发生了显著变化。

2020年11月，贵州省的最后9个包括沿河县在内的贫困县实现了"脱贫摘帽"，这也意味着长期以来的脱贫攻坚战取得了圆满收官的佳绩。党的十八大以来，中国的脱贫成就令世人瞩目，精准扶贫以其有效经验和创新做法不仅使得我国农村人口摆脱贫困困扰，同时也为推动全球脱贫进程做出了重大贡献。即使受到新冠肺炎疫情的影响，世界经济不景气，我国经济也仍能逐步复苏，脱贫攻坚的进程丝毫没有因此落下。可见党全心全意为人民谋幸福的决心是多么坚决不动摇！不忘初心，牢记使命，在云谲波诡的全球化时代背景下，我们务必要坚持党建引领作为根本机制，紧密团结在以习近平同志为核心的党中央周围，为"十四五"规划和2035年基本实现社会主义现代化的建设蓝图继续"撸起袖子加油干"！

（行管192　黄涛）

心有所信，方能远行

2021年2月4日，脱贫攻坚已经接近尾声，春节也即将来临，我随我们村的帮扶干部赵主任在登门祝贺新年时走访了村六组的几家贫困户。

赵主任是安徽人，但是在贵州生活很久了，他先后去过安顺、贵阳、都匀等地，后来在遵义参加工作，现在担任我们村的扶贫干部，负责我们六组的几户贫困户和马临片区的征兵事宜。

他总是面带微笑，与每个人交流都是和颜悦色的，我特别佩服他的韧劲儿和执着，也特别感谢他对我们村扶贫事业的付出。

和他一起走访的时候能很明显感受到我们村的人对他的热情和敬仰，这很难得，村民与干部间的感情非常宝贵，这建立在一个干部对村民的爱护和村民对干部的信任之上。扶贫工作除了要帮助改善百姓家庭的生活质量，更应该关注人与人之间建立起来的情感。

"善为国者，遇民如父母之爱子，兄之爱弟，闻其饥寒为之哀，见其劳苦为之悲。"他将十几年的青春都给予了这片土地、这里的人民，还有心中的信仰和国家。

下面是我跟随赵主任去走访的所见所闻以及我家的故事。

老王是我们组的贫困户之一，他很晚才结婚，但是后来他老婆离开了这个家，他有一个女儿，名字叫冰冰，是一个非常有礼貌的女孩子。

老王的母亲随他住在一起多年，他一个人抚养孩子长大，作为儿子他足够孝顺，作为父亲他也足够伟大。

我们去的那天下着小雨，习水接近年关下雨还是非常冷的，车停了，赵主任给他打电话，当时他还在附近做工。回来时他还没有来得及换衣服，工装上面有一些灰和水泥类的污渍。他连忙叫冰冰给我们倒水，赵主任坐着和他聊了一些关于过年的话题，询问他们是否已经备齐年货，他说该准备的到时候都会准备好的。然后赵主任又询问每个月的低保和每个月护林员的工资有没有按时到账，他说这些都是每个月按时打了的。

其实，在我们这边护林员的岗位是可有可无的，因为一方水土养一方人，爱护山林几乎是每一个村民都有的意识。但是对于老王而言护林员这个岗位很重要，赵主任告诉我，这个岗位是老王在2020年冬天受伤没有办法打零工时，村里帮他争取到的。每个月800元的工资能在他受伤时为他缓解家庭的经济压力。

现在他们一家三口都享受着低保，加上护林员每个月800元的补贴，还有自己打的一些零工完全足够他们三口人的生活开支。另外，他们家也修了二楼的毛坯房，生活慢慢得到了改善。

雪中送炭送的是一份温情，度过这个漫长寒冷的冬天，温暖有爱的春天便会来临。脱贫攻坚正从方方面面改变着这个并不完整的家庭，在我看来虽然它不完整却很温暖。

我们走访的第二户是成伯家，他跟我父亲一辈，我应当叫他幺伯。但是他除了农民以外还有另外一个身份就是我们村的牛贩子，他经常倒牛来卖，就是赚买进卖出的差价，所以大家对他都很熟悉，他们家也是贫困户，但是现在他通过政府提供的专项无息贷款，并凭借自己买卖牛羊的经验搞起了养殖，已经完完全全地脱离了贫困。我们一起聊着关于新年的话题，成伯还向赵主任介绍了自己的一些养殖的经验，比如怎么选种牛和怎么配种，让母牛生的小牛既健康又壮硕，还介绍了现在生牛的价格和现在的养殖规模，他现在养了30头左右的牛，每头牛的价格在1.5万元左右，所以说这个家庭已经改变了以前的状况。

其中有两个地方比较令人动容。

一个是赵主任问成伯的儿子什么时候结婚，成伯说开了春就结，他的头发白了许多，忙碌了大半生儿女也终于要成家了，往后这个家庭会更大、更温馨。

还有一个就是，当成伯得知赵主任因为忙着脱贫攻坚的收尾工作和冬季征兵入伍的事宜不能回老家过年时，成伯多次真诚邀请赵主任一家到他家过年。

有的人可能认为这是客套，但是在我看来或许这就是对一个干部最好的认可。这就是干部与村民之间的了解，干部知道村民家中几口人大概多少岁做什么工作有没有成家，村民知道干部是哪里人以及家里的家庭成员，彼此知根知底。扶贫中也包含着温情，幺伯与赵主任并非严格意义上的贫困户与帮扶干部，他们更像没有身份代沟的朋友。

扶贫帮助他们更好地走上养殖的路，只需慢慢走就能离脱贫的初衷，致富的目标越来越近。

到了下一家，将车停好后赵主任从后备厢拿了鸡蛋，我很疑惑地问为什么之前那几家都没有呢？他说现在这家只剩一位老人了，儿女都常年在外，周围的人外出打工都走得差不多了，也比较冷清，所以他自己掏钱买鸡蛋送给他，算是对老人家的一份心意。

赵主任把鸡蛋递给老人，说这是自己的一点心意，老人说这些年劳他费心了，享受了那么多的扶贫政策，还要他自己掏钱买东西真是破费。赵主任和他聊了很久，小到锅碗瓢盆大到后续政策。

老人腿脚不利索，但是我们走的时候他还是坚持出门送我们离开，并且嘱咐赵主任路上开车慢点儿。

有一些情感不是文字所能全部流露出来的，我只知道这是一个干部对一个空巢老人的牵挂和老人对干部的关心。

后面走访的人叫阿平，去的时候他刚工作回来。那个时候很冷，连火都没来得及生，屋里比较冷，他之前也结婚有孩子了后来离了……

跟阿平的谈话比较简单，就问问最近有没有什么情况需要反映的，卡里的钱有没有按时打……中间他接了一个电话，他现在在做装修，好像是他的客户打电话来说，之前那个师傅做的厕所漏水，让他去帮忙看一下怎么处理，他也是回来刚坐下就要出门工作。

每个人都奔赴在自己讨生计的路上，只是路不同罢了。

他们家也是刚建了二楼，但是还没有装修，情况比之前好太多了。

阿平家的扶贫力度是所有贫困户中最少的，他还很年轻，自己有工作的能力。

扶贫更重要的是要贫困户自己有脱贫的意识，致贫原因各不一样，扶贫自然有轻重之分。扶贫只是为了让那些处于贫困中的人找到一条属于自己的脱贫路，慢慢向前摸索。

扶贫，无疑为这温暖再添薪火。扶贫，真的会让一个困难的家庭焕然一新。

"宝剑锋从磨砺出，梅花香自苦寒来"。2019年8月5日，我从习水五中教务处拿到贵州大学寄来的录取通知书时所想的便是这句诗。我们这个家庭几十年的变化历程，就是脱贫攻坚历程的缩影。

我的爷爷是一个地地道道的农民，最后也是倒在了自己耕种多年的土地上。突发心肌梗死，送到医院时为时已晚。

爷爷走了，结束了他清贫普通却也意味良多的一生。

他和奶奶一共抚养了五个子女，大伯只有一个儿子也就是我的堂哥，他们家也是建档立卡的贫困户。我父亲排行老二，有三个孩子，我排老三有两个姐姐。

我们这个大家庭，世世代代都是农民，爷爷、大伯、父亲，甚至我堂哥和我。

我们改变命运的办法和出路就是读书，父辈倾其所有供我们读到我们全力以赴所能达到的高度。

我高中的成长得益于我的语文老师，他也是我们县的扶贫干部。他经常出差到离县城最远的乡镇农村去探望贫困户并解决他们的问题，他特别辛苦，有时候白天扶贫晚上还要赶回来上晚自习，或者上完课就要忙着下乡。很多像他一样的教师都在扶贫的一线、教育的一线奋斗着。

他经常给我们讲他的扶贫故事，怎么帮那些家庭走出困境、怎么帮那些农户提高收入之类的。其实他当时并不知道那些事情对我的影响有多深刻，我能很明显地感受到他对于那些家庭脱贫的期望，所以作为他的学生，也来自贫困家庭的我，自然倍受勉励，只是当时这些话都藏在心里。我能取得今天的成功不仅得益于扶贫政策，也得益于作为扶贫干部的他对我的一些影响。

我上高一时母亲被诊断出股骨头坏死，父亲上班时手也受了伤，这些打击对于我们这个有三个读书孩子的家庭而言真的难以承受。幸亏政府的精准扶贫政策减免了我们绝大多数学费并提供了一些生活费，我也能拿一些奖学金，两个姐姐假期兼职也减轻了父母的负担……

就这样，一个风雨飘摇的家庭度过了那段最艰难的时期，也改变了我们这一代人的命运。

送来了温暖，留住了情感，或许这就是脱贫攻坚对于我们村、对于这个国家的意义所在。

扶贫是一条充满艰难险阻的路，但路上的野草破土而出，路上的花朵芳香四溢，路上有山川湖海，也有鸡毛蒜皮。这条路上遍布了扶贫干部们的脚印，这些脚印丈量着我们国家创造这个奇迹的伟大历程。

很高兴能记录并讲述扶贫历程中的几个故事。

从杜甫的"安得广厦千万间，大庇天下寒士俱欢颜"，到辛亥革命的"耕者有其田，居者有其屋"，到如今脱贫致富这个伟大梦想的实现，中华民族足足努力了几千年。在中国共产党的领导下，一个又一个的伟大壮举被我们的民族逐一实现。

太多感人至深的扶贫故事在我热爱的这片土地上时时刻刻发生着，说不清写不完，你我只需记得这份难能可贵的温情即可。

[感受体会]

第一，看到赵主任和他们交流，在新年之际登门祝贺并且访问他们的近况，对我的感触都比较深。赵主任对每一个扶贫户都非常了解，他们对赵主任也是非常敬仰和尊重，我觉得这种联系和情感很难得。他不是贵州人却在这边工作、组建家庭，致力于我们村或者这个地方的扶贫事业，我对他很是钦佩和感激。

第二，看到我们村这前后十多年翻天覆地的变化难免动容，不仅是水电道路的改善和一些产业的扶持，还很庆幸中年人不需要外出务工，在保证收入的同时还能陪伴他们的家人，这对一个孩子的成长和老人的赡养很重要，这些温情的体现都让人感触良多。

（社工 191　王彪）

昔日穷山沟　今朝小康村

在"十三五"期间确立了脱贫攻坚的坚定目标后,党积极加强对贫困地区的扶持与资金投入力度,切实以更大的决心、更明确的思路、更精准的举措、超常规的力度,众志成城来努力实现脱贫攻坚目标,让每一个中国人都能实现"两不愁三保障"的小康生活状况。党的十八大以来,贵州省深入贯彻落实习近平总书记关于扶贫工作的重要论述,坚持把脱贫攻坚作为头等大事和第一民生工程,以脱贫攻坚统揽经济社会发展全局,牢记嘱托、感恩奋进、尽锐出战、务求精准。脱贫攻坚取得重大决定性进展,书写了中国减贫奇迹的贵州篇章。桐梓县的田坪村,曾经是贵州省级一类贫困村,是出名的"穷山沟"。近年来,随着脱贫攻坚的深入开展,这里发生了翻天覆地的变化。

假期伊始,我便到桐梓县进行调查工作。在桐梓县的羊磴镇进行了为期一个月的调研,其间在田坪村待了一周的时间,让我了解了当地的风土人情,也体会到政策给该地带来的变化。

一、两居改造换新颜

乘车沿通村的水泥路进入田坪村,能看到的是一栋栋小楼房,这是我意料之外的事情。我先入为主地以为应该是土坯房与旧木屋才对,于是抱着好奇心,决定一探究竟。

通过与村民组组长还有村民的交流,我知道了这一切都得益于"两居"改造工程的实施。在地方政府与农商银行的合作下,支持小额贷款,用于村民建房。在田坪村,基本已经见不到原有土坯房和木宅,大多数村民都愿意在政策的优惠下，贷款建房。这一方面改善了村里的风貌，另一方面让村民不再住着旧宅，承担着住危房的危险。在脱贫攻坚的助推下，羊磴镇"两居"工程拆除重建 40 户，维修加固 2619 户，改厕 1846 户，改厨 1745 户，改圈 381 户，院坝硬化 117800 平方米……人们的居住环境得到了改善，群众满意度得到了提升。

如今，一栋栋漂亮新房排列在公路两侧，村里的交通也得到了极大的改善，路面变得宽阔平整，全然一副现代新农村样貌，曾经的贫困小山沟，变成了美丽的村庄。

除了整改原本处于居民点中心的建筑，还有部分处在半山腰的建筑，田坪村建设了几个移民搬迁点。一是避免滑坡造成人员伤亡，保障村民的人身安全；二是方便散居户生活资料的购买，对散居户的子女上学提供便利的条件，从而改善村民的生活条件，达到脱贫的目的；三是做好农村居民点整理规划，充分考虑产业结构、生产生活方式对村庄建设用地的要求，利用人口迁移聚集、拆旧建新，全面改造"空心村"、散居户；四是可以退宅基地为耕地，增加耕地面积。宅基地所在一般都是坡度较小的土地，有着耕作的优势，同时也可以促进零散耕地的整合。

二、设施配套给保障

从以前的泥巴路变成平整通达的水泥路，只有交通好了，村子才有发展的出路。脱贫攻坚以来，田坪村完成公路硬化 26 千米，其中通组公路 3 条 11 千米，通户公路硬化 1 千米，连户路硬化 1.2641 千米，实现组组通硬化路，户户通连户路。全村建成集中式安饮工程 5 个，分散式小水池 43 口，安装入户管网 65000 余米，实现安全饮水全覆盖。新增通信基站 2 个，新增变压器 3 台，改造农网线路 4000 米，实现电信保障全覆盖。不断夯实的基础设施建设，让田坪村焕发出蓬勃生机。

三、产业扶贫促增收

（1）养殖扶贫。在田坪村，绝大多数农户家都有畜舍，除了很旧的自建传统畜舍以外，我发现还有很多新建的钢架棚结构大型畜舍。政府为了鼓励大家通过养殖提高经济收入，给予想养殖的农户大量补助。这些畜舍都是政府帮忙建的，农户只需自己买需要养殖的牲畜就行。村民所养殖的物种也各不相同，有的养了十几头牛，有的养了几十头猪，还有的养了几百上千只鸡，这些扶贫项目为农民带来了长期的经济收益。

（2）土地流转。由于村民的土地分散，并不支持大规模的产业发展，但我们可以做到适度规模。田坪村的土地贫瘠，结合当地的气候和产业发展布局，秉承着"不能搞产量，那就发展质量"的理念，由低经济价值的农产品，比如玉米、土豆等，转变为花椒、方竹笋等经济效益高的作物，提高农民的收入。

2018年，田坪村决定主要发展农业为花椒、方竹笋、蜂蜜、大芸豆、刺梨和腐乳等特产。花椒的生长周期短，一般定植2~3年就可以开花结果，通过了解得知，管理得当的话，栽种三年之后的花椒树，能每年生产花椒0.5千克以上，每千克在2018年的价格为140元左右，经济效益可观。我还了解到，农户除了自家种植花椒获取收入以外，还可以将土地承包给别人，每年收取承包的费用，然后在花椒采摘季节，还可以作为劳动力给老板采摘花椒，获取劳务费。大多数的农户愿意将自己的土地流转给花椒种植老板，获取两份收入。而产业布局也是很重要的一项扶贫项目。由于不能大规模发展产业，所以田坪村的农产品没有很大的产量，之前的农产品勉强能维持农民自己的生活需求，但没有外销的。后来经过产业结构调整，与合作社的扶持，农民生产出来的产品有了销路。

（3）产业兴旺是乡村振兴的基础。在以前田坪村产业少，且产业链条短，没有和贫困户建立起长期有效的利益联结机制。于是田坪村按照"以短养长、长短结合"发展思路，走"龙头企业+合作社+农户"发展模式，通过示范引领带动，实施花椒、方竹、蜜蜂、肉牛、生猪扶贫项目5个。截至2018年，田坪村已发展方竹6000余亩、花椒1500亩、中蜂200箱、猪2000头、牛1200头。179户贫困户因为产业带动，实现了户户有脱贫路径，成功摆脱贫困。

[**感受体会**]

　　本次调研，对于我的教育意义很大，从中收获良多，希望学院多多开展类似活动，让学生能够多走进社会，了解当下农村的蜕变，参与乡村振兴的大队伍，开阔视野，做一个不与社会脱节的大学生。老师们也可以在假期给自己的本科生安排一些调研任务，可以锻炼学生某方面的能力，了解一些专业相关的知识；也可以是老师的科研课题的延伸，让本科生完成一些基本的调查研究。

（土管181　向旭）

最特别的"礼物"

T村位于分水镇的东南部,东临蕉坝镇乐居村以南场河为界,西接王武村,南临柏村镇龙台村,以长脚河为界,北临分水镇中坝村,距仡佬源头务川县城62千米。T村作为务川脱贫攻坚战的关键地点,全村辖12个行政村民组,25个自然小组,756户3206人,是务川3大深度贫困村之一,土地贫瘠还偏远。2014年前,务川自治县分水镇T村由于交通不便,饮水安全无保障,基础设施落后。经济发展受到制约,756户村民中有279户建档立卡贫困户。

在国家政策的号召下,为了实现2020年全面小康社会奋斗目标,着力建设"宜居乡村",全面加快美丽乡村建设,坚持绿色发展,大力实施村庄"绿化、美化、亮化"工程,对农村贫困户进行安置房搬迁,对于不愿搬迁的,给予一定的政策补助。同时,在农村实行"厕所革命",为了打造农村农风新面貌,政府通过补贴的方式鼓励村民修建厕所,实行如厕人畜分离。

为了实现2020年全面建成小康社会的奋斗目标,全国各个地方都在朝向这个奋斗目标而努力,T村也不例外,以前的T村可谓是出了名的缺水,在T村居住的人们,有时候要到很远的地方拉水喝,对于T村的村民来说,饮水一直是困扰他们生活的问题。对于扶贫办来说,扶贫的另一项重要的任务就是要解决当地群众的缺水问题,实现户户都要通自来水的目标。在全面小康到来之际,T村的这一问题基本上得到了解决,村村通自来水的目标得到实现,相比过去,饮用水的问题在很大程度上得到了解决,人们再也不用每天为了找水而发愁。

此次走访,我特意留意了一户贫困户,在我之前的印象中,这家现在居住的房子与之前相比发生了很大的变化。这间房屋的主人Z爷爷,78岁,老伴75岁,两个高龄老年人,带着一个孙子,组成了这个组里最特别的"一道风景线"。老人的儿媳在很多年前就悄悄离家出走,至今未归。老人的儿子常年疾病缠身,干不了重活,只能在家里帮忙做点家务,放养牲畜。家里的主要支柱是两个老年人。在2015年元宵节的时候,老人的儿子突发旧疾不幸去世,只留下一个孩子跟两个老年人。这给本身就缺乏劳动力经济收入的家庭增加了很大的负担,孙子的学费、生活费,都是靠老年人的低保收入或者亲戚支持帮助。

老人居住的条件很差,房屋顶漏雨,特别是下雨天,用"屋漏偏逢连夜雨"来形容也不为过。每当下暴雨的时候,整栋房子包括睡觉的卧室都是漏水的,抵抗不了寒风,挡御不了暴雨,家里几乎没有可以落脚的地方,墙体透风,裂缝掉落,房屋出现了严重的老化。牛栏、猪圈更是摇摇欲坠,需要修缮。考虑到老人的实际情况,镇里联系Z爷爷,在安置区为他们选择了一套户型,希望帮助他们改善居住条件。但各级干部分批到他家做思想工作多次,两位老人却故土难离,不愿搬迁。对于两位老人来说,这里是他们的根,离开了这里,就相当于放弃了他们的根,再加上自己年龄大了,孙子却还小,搬去安置房吃穿也得不到保障,用两位老人的话来说:"在老家至少还可以种点地,喂一两头猪,可以通过卖粮食或猪肉增加点经济收入。"面对老人的执着,扶贫干部考虑到老人的实际情况,在经过会议讨论后,始终秉持脱贫路上一个也不能落下的原则,从不搬迁也得解决老人的住房安全问题出发,决定帮助老人改善现有的居住条件。于是,扶贫干部在镇里先后联系了几家施工队,准备物料,帮助老人改善居住环境,屋顶换成了塑胶瓦,地面重新用混凝土砌平,裂开的墙也用水泥重新砌好,厨房被重新改造,灶台、碗柜全是重新打造的,整个房间跟原来相比,焕然一新。牛栏跟猪圈也拆掉了原来的木头,用砖头重新替换上,对于两位老人来说,再也不用担心猪会跑出圈了。两位老人总说:"这是政府给予其晚年最特别的礼物。"扶贫工作的开展使得这个贫困家庭最基本的居住环境得到了改善。

Z爷爷说,现在住房的基本问题得到了解决,感受到了国家对百姓的关爱,同时自己也表示对国家充满感激,他回忆说:"当初修路的时候,由于自己家刚刚好在马路旁边,屋后刚好是一个坡度比较陡的斜坡,为了把路面填平，导致路面距房屋的距离不但远，房顶与路面也差不多是平行的，我们的出行只有当初修路时剩下的大大小小的石头堆砌的泥石路，不管是干农活或是背柴回来出行都很困难。村里扶贫人员在走访的时候了解到这个情况，便嘱咐施工队从路旁边为我们填平一条侧道，以方便我们外出。"

Z爷爷的故事只是T村扶贫工作的一个缩影，在T村还有很多类似于Z爷爷家的情况都通过扶贫工作的开展改变了其基本居住条件。放眼整个T村的村容村貌有了很大的变化，村落里很多人修建了新房子，T村街上的房屋基本上全是翻修的砖房。在扶贫工作的帮助下，很多人的基本生活水平提高了。经济收入来源也不再只有烤烟种植，在扶贫办的帮助下各类养殖场建立起来了；花椒、莲花白种植等经济作物也成为T村村民发家致富的新途径。同时，在T村广场的娱乐设施以及图书馆的建立，使得村民对于物质和精神文明的追求也在提高，村民可以到广场休闲娱乐，小孩可以在村里图书馆一角看自己喜爱的课外书，形成了T村独特的新农村风貌。

［感受体会］

参与这次调查走访时我发现，现在的T村村容村貌与之前相比发生了很大的变化。特别是在对Z爷爷家做调研时发现，现在Z爷爷的居住环境与之前相比有了很大的改变。他们不用再担心下雨屋漏雨、牛栏倒塌的风险，不用担心一出门就是泥泞的路，不用再费力地因为大雨而要清理房屋周围的积水，也不用再背着水桶佝偻着背去山上背水喝，喝水问题也得到了解决。从Z爷爷一家的变化中可以看出，国家脱贫攻坚战略对贫困地区贫困人口具有特别的意义。特别是我在利用假期走访整个T村时，深切感受到现在的T村与过去相比发生的变化，村村通公路、组组通硬路的目标在T村完全得到了实现。村民的收入来源增加，收入也在不断增加，越来越多的村民开始自己修建房屋。同时，人们的物质生活与精神文明也在不断地丰富。对于T村的村民来说，对于每一个深受国家扶贫照顾的困难人群来说，这是国家给的一份最特别的"礼物"。

（社会工作2020级 邹凤旭）

用心驻村　用情帮扶

出生时的时间、地点和父母我们无法选择，但从我们出生以来，浓浓爱意就一直包围着我们。因为爱是艰难时坚定如一的毅力；是痛苦时温声细语的一声安慰；是病痛中无微不至的一点照顾。然而，只有将爱传递下来，才能温暖你我他。

杂草丛生的小路、破旧开裂的土墙、昏暗斑驳的光线、衣衫褴褛的穿着、深深下陷的眼窝、饱经风霜的面容，这是邓老师到定点帮扶村初次走访时所见到的一幕，也是直击邓老师内心，让其忍不住心酸的一幕。

2017年，作为一名人民教师的邓老师被派到所在县城下属的一个村开展脱贫攻坚工作，具体负责该村42户农户，其中精准扶贫建档立卡户5户。

一、情况清心底有数，帮扶措施才精准

邓老师在下点之前对该村情况也不了解，为了及时准确掌握村民情况，尽快进入工作状态，邓老师采用了"5+2""白加黑"的工作模式，抢晴天、战雨天，不惧风雨，进村入户了解村民基本情况，收集第一手帮扶资料。在工作过程中，邓老师紧紧依靠"一达标，两不愁，三保障"的脱贫标准和"一看房，二看粮，三看劳动力强不强，四看家中有无读书郎，五看是否有人躺病床"的"五看工作方法"来进行精准识别。邓老师主动走进村民家中，在田间地头与村民交心谈心，积极宣传党的脱贫攻坚政策，倾听群众心声，先后召开村民会、村民代表会、党员和村组干部交谈会等多场会议，准确了解村子的基本情况和村民家庭基本情况，并为每户建立了家庭档案，对建档

立卡户还专门建立了一户一档,"不漏一户人,不落一个人",真正做到情况清、底数明,为下一步开展脱贫攻坚工作奠定坚实的基础。

二、"三改"旧貌换新颜,清泉到家百姓乐

邓老师包保的新地组85%都是木瓦房而且漏雨情况较为严重,是全村木瓦房结构较多的村民组之一。在实施老旧房屋整治中,由于时间短、工作量大,邓老师每天早上8点以前就下沉到组里开展工作,既要督促施工队加快施工进度又要监督工程质量,时常亲力亲为参与房屋改造等工作,同时还要协调施工方和老百姓产生的纠纷。通过两个多月的高强度劳动,顺利完成本组三改(改房、改厨、改厕)工作,帮助当地老百姓住上了安全的房子,使当地村容村貌焕然一新。

在走访过程中邓老师发现有些农户家里自来水管道没有水,通过实地走访了解得知,虽然每家每户都参与到自来水网工程中,但由于管理不善,水费过高,老百姓不愿意用这个,所以这项设施就成了摆设。在得知这一情况后,邓老师与另外两名队员一起分析原因,最终发现漏水是造成高水价的主要原因,于是邓老师就自掏腰包请人抽水来排查漏水处,通过排查发现有二十多处漏水。随后邓老师联系了镇供水专班,并与镇水管所的工作人员一起,通过三天加班加点的工作,修缮了漏水点,原本抽满一池水只够用一天多,现在能用五天多,水管漏水的问题得以解决,水费大幅度下降,村民们也愿意使用这项便民设施。

在工作中,邓老师事无巨细,尽心尽力,老百姓的饮水问题得以完全解决,但是环境卫生还不令人满意。于是邓老师和组员、村民组长等商量解决办法,通过召开村民组会统一思想,形成共识,实行室内、院坝、门前公共道路自家包,其余道路共同完成的方式来保证环境卫生干净整洁。

三、增收增产强人心,互帮互助同进步

如何让群众持续增收是邓老师最关心的问题,通过调研,邓老师发现当

地属高山丘陵地形、土地肥沃、人均耕地较多，适合烤烟、茶叶、玉米等农作物的生长，森林覆盖率高，于是邓老师就动员村民大力种植烤烟等经济附加值高的农作物。目前，全组种植烤烟300多亩，每亩平均纯收入可达3500元，有些村民仅烤烟一项纯收入就达十多万元。除此之外，邓老师还鼓励村民养殖猪、鸡、鸭等来增加收入，并且邓老师经常利用微信等网络平台帮助村民进行销售，拓展销路，目前该村的土猪肉、土鸡在当地小有名气，产品供不应求，甚至还有部分县城居民上户购买。

在此过程中，对村里两位自身发展动力不强的人，也就是当地俗称的"懒汉"，邓老师并没有选择放弃，而是利用自己擅于做思想工作的优势，多次上门交心谈心，晓之以理，动之以情，软硬兼施帮助他们转变思想观念从根本上帮助他们解决生活困难，实现了从"要我脱贫"到"我要脱贫"的巨大转变，目前一名贫困户已到浙江务工，每月都有固定工资，基本生活得到了保障。另一名村民也外出务工，有了稳定的收入，改善了自己的生活条件，真正实现了脱贫目标。现在村民们都亲切地称呼邓老师为"邓老乡"。

除了帮助村民发展生产、解决生产生活中的困难、解决矛盾纠纷等，邓老师还给特殊困难群体送油、米、肉、被子、衣服等生活物资，给他们送去关怀，让他们真正感受到党和政府派来的干部是真心实意帮助他们。在一次日常走访中，邓老师发现有一位村民说话有气无力甚至有吐血情况，立即向工作队报告，将该村民送到县人民医院救治，经过近三个月的治疗，终于康复。

如今该村水、电、路、通信等基础设施都已得到完善，太阳能路灯通宵明亮，房屋、道路干净整洁，一幅美丽的新农村画卷展现在人们的眼前。农民的收入增加了，邻里关系和谐了，干群关系变好了。每到杀年猪的时候，大家都会想到这位曾经帮助过他们的人，邓老师也成为村民最信任和最亲近的人。

[**感受体会**]

这就是我身边的扶贫故事，从邓老师的扶贫经历我深深地意识到，扶贫不仅仅是任务，每一个贫困户家里都有很多悲伤无奈的苦难故事，如果没有走进每一位贫困户的家中,没有亲眼看到过他们生活的样子,就不能深刻地了解贫困户,深刻地了解他们的真实困难。只有多和他们沟通交流才能了解他们的情况,打开他们的心扉、走进他们的生活,清楚致贫的症结所在,才能因贫施策,更好地帮助贫困户,让他们的生活变得越来越好。

(社会工作2020级　李泓颖)

春风拂过"杨柳树",扶贫吹响新号角

经过全党全国各族人民共同努力,在迎来中国共产党成立一百周年的重要时刻,我国脱贫攻坚战取得了全面胜利,现行标准下9899万农村贫困人口全部脱贫,832个贫困县全部摘帽,12.8万个贫困村全部出列,区域性整体贫困得到解决,完成了消除绝对贫困的艰巨任务①。如今的祖国从沿海到内地,从发达城市到祖国的每个角落,每个家庭的生活都发生了或多或少的变化,这见证了在党的领导下全国人民奋斗出的美好生活,证实了伟大政党坚守使命和初心最美的样子。同时我们现阶段最需要关心的是,如何使脱贫成效持续,使百姓在未来自身有能力越来越好。此篇文章带来的故事来自贵州省盘州市响水镇杨柳树村,杨柳树村行政区域面积8.31平方千米,耕地面积1845亩,总人口约2000人,主要产业以种植、养殖业为主。主要民族为汉族、布依族、回族、水族和彝族。

一、改环境

建设农村人居环境的过程中,通过创新方法和完善各种制度,可以让村庄的建设效果得到保证。农村人居环境随着我国社会生产发展及社会进步也会持续得到改善,各地区因地制宜并根据相应的农村环境的变化不断完善治理途径和方法,针对在此过程中引发的环境问题也会在科学指导下解决。我们在注重人居环境改造的同时必须兼顾环境保护,只有合理地整合利用资源

---

① 习近平:在全国脱贫攻坚总结表彰大会上的讲话[EB/OL]. https://www.12371.cn/2021/02/25/ARTI1614258333991721.shtml.

才能让人居环境改造工作更加科学有效。

我采访的姐姐说，当地非常重视人居环境改造，并且要做好入户路的建设，硬化到户院，老旧房主体不安全的、透风漏雨的就需要进行改造。其实在做这些工作时会出现农民土地不愿出让的问题，驻村干部就需要做工作。盘州市委要求，各村镇要按照"拆危除杂、废物利用、就地取材、干部规划、督查指导、一户一策、群众实施、验收合格、适当补助、村规民约管理"的原则，将小康菜园建设与整治村庄环境、调整产业结构、完善村规民约相结合，与巩固脱贫成果、实施乡村振兴、提升群众满意度相结合，让广大群众在乡村振兴发展中提升生活品质，在享受生活的同时感受乡村发展的成果。在改变基础环境后，逐步提升百姓的生活质量是现阶段我们仍需努力的方向。

姐姐还害羞地说到，感觉自己和杨柳树村很有缘分，因为她和老公便是在这片土地遇见的，姐姐也真正地成为杨柳村的媳妇儿！姐姐谈到，其实这个村男子缺媳妇儿是一件常事，我们在保证村民基本生活的前提下，帮助村民解决个人问题也是保证其持续脱贫发展的重要一步。

二、普保障

农村社会保障始终处于我国社会保障体系的边缘，如今仍有部分社会保障的内容未覆盖农村人口。我国农村的经济发展水平非常低下，多数农村居民收入水平偏低，承受能力弱，家庭保障仍是农村社会保障的主体。姐姐谈到他们需要给村民们普及医疗保障的相关政策，鼓励村民参与医疗保障，其中有的村民想参加但没有能力参加的，扶贫工作者会先垫付资金，村民后期有能力又会还给他们。未来如何提高村民抵御风险的能力？如何为他们带来切实有效的保障制度，使脱贫成效持续？这些仍需我们不断挖掘和探索。

三、推教育

"扶贫先扶智"，教育扶贫是贵州最根本的精准扶贫。贵州省制定教育精准脱贫五年规划，以学生资助兜底线让贫困孩子"有学上"，以改善条件为基础让贫困孩子就近"上好学"，建立起全领域、全学段、全覆盖的教育精准脱贫体系。

姐姐谈到，响水镇杨柳树村非常重视当地孩子读书难的问题，除了积极建设学校外，在扶贫工作中最棘手的便是孩子不上学。不上学的原因有很多，有的是父母不让孩子上学，有的则是孩子自我意识淡薄，没把心思花在读书上。姐姐这样的驻村干部亲自上门做了很多工作，不仅劝说家长或孩子继续学习，学校还会为特殊儿童提供"送教上门"。访谈中提及有一个小姑娘因为谈恋爱而放弃学业想外出务工，姐姐做了很多工作都难以劝回便上报第一书记，书记很用心地帮忙劝说做工作，最后还亲自接孩子上学。可见，国家不会放弃任何一个适龄儿童。读书学习或许是大山深处的孩子们能够走出去的关键机会，一个家庭的持续生命力是需要下一代注入的，不管未来他们是否回到这里建设家乡，家庭抗逆力的增强至关重要。

"摘帽不摘责任、摘帽不摘政策、摘帽不摘帮扶、摘帽不摘监管"，我们在关注贫困户和贫困地区实现脱贫的同时，一定要持续关注农户各方面的发展。响水镇杨柳树村只是偌大贵州乡村振兴道路上的缩影，我坚信贵州将持续巩固脱贫攻坚成果，衔接乡村振兴，健全防止返贫监测和帮扶机制，确保脱贫成果经得起历史和人民的检验。

[感受体会]

本人一直生活在城市，对农村生活了解甚少，有时甚至会出现因为认知偏差无法理解很多情况。通过本次访谈，全方位地了解到原来一名普普通通的一线扶贫人员需要做那么多事情，国家的扶贫工作不是一朝一夕的，在课堂上我们总说农村社会工作有什么板块技巧和方法，但是如果不实地去感受真的就是说着玩。

在答辩时，对这个文章或这个活动的概念都没有如此深刻，直到洪院长给我们开了那次修改讲座，真的发自内心地觉得自己已经是研一的学生了，做事情也好，做学问也好，都应该踏踏实实地，真的发自内心地欣赏踏实的人并且触动到我的心，意识到要认真对待每一次锻炼的机会，并且发自内心地想踏踏实实地去做点事情。

因为社工专硕只有两年,并且第一个学期课程非常满,加上自己又不是非常主动,可能很少有机会真正接触到实在的东西。说心里话很希望未来这个专业可以越来越好,如果能调整成三年学制,或许我们可以更深刻地学习和实践。

(社会工作2020级 王蕴铮)

我在长田村的那一年

新中国成立以来，中国共产党带领全国人民向贫困宣战，成功探索出一条具有中国特色的扶贫道路，在迎来中国共产党成立一百周年的重要时刻，我国脱贫攻坚战取得了全面胜利，现行标准下9899万农村贫困人口全部脱贫，为全面建成小康社会打下坚实基础。在同贫困作斗争的漫长道路上，无数个默默无闻的基层驻村在岗位上挥洒汗水，他们不像脱贫攻坚先进分子那样被世人熟知、被媒体大肆报道，但正是这样千千万万个奋斗在一线的工作者，铸成了脱贫攻坚最美的基层风景线。在我的家乡，就有这样一位基层扶贫工作人员，在寒假期间，我对他进行了采访，了解到他毕业之后作为驻村一线人员为脱贫攻坚做出的贡献，他就是望谟县打易镇长田村驻村网格员郭礼尧。

2019年7月，郭礼尧同志接受组织安排，到望谟县打易镇长田村担任驻村网格员，担任驻村网格员以来，他以踏实、认真的工作作风被村民所喜爱，他充分发挥个人工作能力，积极了解全村脱贫攻坚情况，积极与其他驻村工作队员对接，不断查缺补漏，巩固脱贫攻坚取得的成果。提起这次访谈，他说在村里工作的那一年中，除了对家乡年迈父母的思念和牵挂外，更让他难忘的是村里那些他的"专属亲戚"，他与他们共同参与并且见证了望谟摆脱绝对贫困的时刻。他的"亲戚们"有老有小，给他留下了独一无二的记忆，特别是"老伍的房""老罗的笑""小曾的泪""长田村的水"。

一、老伍的房

老伍，布依族人，是他帮扶的贫困户之一，也是他到长田村之后接触的第一户贫困户。他和我说起第一次见到老伍时的情景：老伍年轻时在外闯荡过，听得懂他说的普通话，但对帮扶人员抱有很大敌意。果然不出所料，到后面做扶贫工作，巩固之前扶贫成果的时候产生了问题。按照黔西南州脱贫实际和国家脱贫政策，老伍家应该是易地扶贫搬迁户，要搬到黔西南州兴义市的安置区，但老伍以搬去之后去世没地方下葬、没地方种菜等借口，不断与帮扶人员产生冲突。作为第一年工作的新人，虽然刚开始就接到一个"烫手的山芋"，但郭礼尧认为这些事情不能操之过急，做群众工作就必须要有耐心和恒心。于是他经常去找老伍聊家常，为他办实事。有一次他给老伍送换新的户口簿，正赶上当时老伍喝得有点晕乎，见到他来了就站起身摇摇晃晃地走过去，忘了两人中间隔着一道高坎，结果老伍差点摔下坎，幸亏郭干部一个箭步冲过去抱住了老伍。从那以后，老伍对他的工作就很支持，也搬到了兴义市的扶贫安置区。郭礼尧认为中国人自古就有安土重迁的观念，扶贫工作需要给被扶贫者更多的人文关怀，使他们慢慢改变原有的一些根深蒂固的观念，这样才能让他们真正感到温暖。

二、老罗的笑

老罗是郭礼尧帮扶的第二户贫困户。郭礼尧刚开始接触老罗时，老罗对他很抵触，经常会顺手拿起身边的东西追打他，但是经过一段时间的接触，见到他时会笑嘻嘻的。他说到这句话的时候我好奇心一下子上来了，不知道他做了什么让老罗有这么大改变。原来老罗致贫的原因是患有间歇性的精神疾病，在村里也是时而疯疯癫癫时而清醒，许多年前曾去医院医治，因效果不明显治疗就不了了之了。老人家基本上是靠养老保险和农村低保维持生活，自己也种点儿地，老伴每个月在村里打扫卫生也有 700 元收入，加上村里种植产业分红，基本上也是不愁吃不愁穿，就是房子有一些漏雨，比较危险。所以郭礼尧就把老罗家的房子资料向上一级汇报，很快就有施工队来把老罗的房子修好了。从那以后老罗见到郭礼尧时，即使是处于不正常状态也不会像以前那样追着他打。

三、小曾的泪

小曾是家里的长女,用"穷人的孩子早当家"来形容她一点儿也不会错。其父患有多重智力障碍,母亲早年因父亲丧失劳动能力,由她一人承担家庭重担,过度劳累导致身患重疾,无力医治只能顺其自然。父母丧失劳动能力后家庭重担落到了应该读高中的小曾身上。为了方便照顾父母,小曾只好辍学到镇上打工。

郭礼尧与小曾多次谈心后发觉小曾与之前接触的那些贫困户不太一样,她很积极向上,生活的苦难并没有使她失去对光明的追求。郭礼尧很佩服这样的女生,在这样的环境下能保持对生活的向往和热爱实属不易。就是这样坚强的女生,在他之后周末一次送米、油这些物资去到她家的时候,却留下了婆娑的泪水。后面问了才知道,她打工的小店倒闭了,她需要重新去找工作。为解决她家的实际困难,郭干部马上向上级打报告,给她争取产业分红、低保等之外的一些额外补助,希望她坚强生活,不要被困难所打倒。过了一周,报告还没批示下来,小曾就主动和他说在镇上又找到一份工作,在养殖场养兔子。希望生活善待这个坚强的女孩,虽然前路充满荆棘,但她依然能安然度过。

四、长田村的水

长田村的水应该是他最难以忘怀的了。驻村工作,加班到凌晨一两点是常态,用他们的话来说就是"五加二、白加黑"的工作状态,不管是实际情况还是材料上,需要查缺补漏的太多。2020年6月进入了贵州的汛期,6月16日,在村里临时搭建的办公板房里面他加班到凌晨两点,就在这天晚上,大雨袭来,山上发大水直接把临时办公板房冲倒了。在这危急时刻,郭礼尧和同事们首先想到这时候村民的生命财产安全应该是第一位的。当晚,他们冒着大雨,打着手电筒,挨家挨户地查看,不过好在只有几家的鸡舍被冲烂,于是大晚上"捉鸡"就开始了。

老伍的房、老罗的笑、小曾的泪和长田村的水是他在扶贫过程中记忆最深刻的。脱贫攻坚结束之后，他们那一批人就回归原岗了。这两天与他的交谈，我收获颇丰。深度贫困地区有很多致贫原因，天灾占一部分，但更多是人祸。天灾通过易地扶贫搬迁、产业帮扶等措施尚且能克服，人祸则不然，一个主要劳动力外出打工偶然的受伤就足以让整个家庭陷入极度贫困境地，在陷入贫困之后，单个家庭力量就显得特别薄弱，所以在脱贫攻坚之后，怎样巩固脱贫成果，实现可持续的脱贫，这一点正是乡村振兴所要解决的首要问题。

[感受体会]

通过这次访谈，将《社会研究方法》一书里面的一些访谈理论与实际相结合，对人文社科研究方法有了更深一步的体会。此外，作为行政管理专业学术型硕士研究生，在掌握相关理论研究的基础上，更希望能加入社会实践，真正做到知行合一，格物致知。

脱贫并不是终点，而是新的起点，民族想要复兴，乡村必须要振兴。正如习近平总书记2月25日在全国脱贫攻坚总结表彰大会上所言：一部中国史，就是一部中华民族同贫困做斗争的历史。而正是有他们这样千千万万个奋斗在脱贫攻坚一线的工作人员不懈的坚持与努力，我们党和国家的脱贫政策、方针才能良性落地，才能发挥政策的实际作用。

（行政管理2020级　郭元海）

扶贫春风吹入上寨村

精准扶贫的开展体现了党和国家对打赢贫困的毅力与决心，为了解实地脱贫情况，巩固脱贫成效，以上寨村为例，我通过实地调研、走访贫困户、村干部等了解脱贫实际成效，通过村民王某一家扶贫前后变化与村干部反思洞悉整体扶贫效果，了解上寨村发展面临的局限与机会，为后续的乡村振兴奠定基础。在与村干部、扶贫干部以及老百姓的沟通交流中，我了解到上寨村发展受限的原因源于村干部文化水平不高、新生力量薄弱、外出务工热潮攀升、对政府的高度依赖；优势体现在该村基础设施完善、领导班子本土化、交通便利等。既然了解了上寨村的基本概况，那么后续实施推进的相关帮扶政策针对性与时效性便会更加显著。

一、老王家的脱贫历程

扶贫干部严格按照"一看房、二看粮、三看劳动力强不强、四看有无读书郎、五看有无病人躺在床"的标准精准识别，把过去的"讲关系、开后门"现象拦腰斩断。村干部通过开大会的形式向村民灌输新时代政策文件要求，将村中事宜摆上台面，大家共同商议，为团结村民巩固政府权威奠定基础。村中事无巨细皆张贴村委会公告栏接受村民监督，做到了真正的透明化。

针对贫困群体不同的致贫原因，实施不同的帮扶政策。以村民王某一家为例。王某今年51岁，小学文化程度，常年在浙江省务工，多从事体力劳动，在浙工资一般，曾因年龄偏大找工作多次受阻，家中六口人。王某父母年龄都在80岁以上，无劳动能力，健康状况较差，打针吃药是常事，一有突发情况王某便须辞工回家,一年外出务工时间通常不足七个月,在家期间靠务农(种水稻、玉米)贴补家用;妻子46岁,患慢性病,劳动能力较弱,因身体原因不能外出务工,在家务农和照顾老人。王某有一儿一女。儿子中专毕业,以外出务工为主,无谋生技术;女儿为在校学生,无劳动能力。王某一家在2014年被识别为贫困户,识别原因是子女上学、缺劳动力以及缺技术。未被识别成贫困户之前,王某家经常入不敷出,两个子女的上学费用、父母的医疗费、人情往来费用等都是束缚王某一家发展的瓶颈。镇远县扶贫办实施的扶贫策略是"定点帮扶",通过将责任具体化,加强了贫困户与帮扶干部之间的互动,也为扶贫干部了解致贫原因提供了渠道和机会。扶贫干部通过深层次了解王某家致贫原因,依托政策帮扶的春风,帮助王某家找到了摆脱贫困的方向与道路。根据王某家多重致贫原因,对其实施了产业扶贫、就业扶贫、教育扶贫、健康扶贫、危房改造以及金融扶贫等。

整个帮扶过程以表格形式自发接受社会监督。产业扶贫方面,扶贫干部鼓励王某家发展养殖业(鸡、鸭),积极参加村里合作社进行分红,将土地进行扭转,按照一亩地补贴800元的标准进行补贴,王某家获补贴约为1700元一年,将补贴款与粮食价格对等,发现土地扭转后获利更多。扭转后的土地按照市场需求种植了经济效益更高的蔬菜,每年的播种、除草、打药以及丰收时节,都会雇用附近的村民,每天补助约60元,创造了大量的就业机会。以王某婶婶为例,60多岁,平时以务农为主,蔬菜收获期,会到蔬菜地帮雇主择菜、洗菜,每年在蔬菜场地工作的时长约1个月,可获取1800元的收入。

健康方面,扶贫干部鼓励王某家全员参与农村合作医疗,并在费用上进行补贴,王某父亲患有白内障和高血压等慢性病。针对精准扶贫群体,医院采取先治疗后收费的政策,即先把病治好了,再清算费用,然后根据报销比例进行减免,重大疾病报销占比95%,这样就给贫困家庭减轻了很大的负担。王某母亲患有很严重的肾结石,2020年8月中旬在岑巩县县医院做了手术,即使是跨县治病仍然是先治疗后收费,最后在费用结算上国家报销了5000多元,王某自费约2700元。通过与王某父母沟通交流,我了解到他们对国家现行政策的看法:

A：公公婆婆，你们觉得现在社会怎么样？满意不？

　　B：现在政策好得很，看病也花不了多少钱，以前舍不得钱，不敢去医院，现在敢去了，是相当地满意。

　　A：种田、种土这些变化大不大？

　　B：以前种田要上税，每家每户按人头送粮食，现在年轻人都外出打工了，田、土我们老人家也种不动，我儿媳妇种点谷子，现在每年还补贴不少钱，也不用上税了。

　　A：知不知道国家对你们老人家有照顾政策？

　　B：知道的，有养老金，按年龄领养老金，我们80岁以上的是每月100多元，90岁以上的更多，我们都领好多年了。每个满足年龄的老人都有，就像领工资一样，现在社会好，子女对我们也好，想多活几年。

　　就业扶贫方面，扶贫干部基于王某妻子的实际情况（文化水平不高、身体状况较差），协助王某妻子获得了村里公益性岗位——卫生消杀员，给村里喷洒消毒液，王某妻子的身体状况也能胜任，每月可得到800元的工资补贴，同时方便唐某在家做些农活与照顾父母。此外，唐某积极响应政府号召参加种植技术培训，并取得了培训合格的资格证书，增强了唐某的谋生技能。王某通过扶贫干部知晓了县里的劳务派遣计划，主动报名参加，和同行参与人员被安排到浙江省务工，通过搭乘县里的务工专车，在浙江省杭州市获得了一份新的工作，每月3000多元的工资。2021年由于新冠肺炎疫情影响，提倡就地过年，杭州针对外来人员驻杭过年每人补贴1000元，王某也积极响应号召，工作在自己的岗位上放弃回家过年。既不给政府添麻烦加大管理难度，也增加了工资收入。

　　教育方面，王某女儿在2016年考取大学，获得了社会资助4000元，大学期间每年获教育专款补助4830元，额外有国家助学金以及奖学金若干。

　　危房改造方面，王某家2005年在自家宅基地上修筑砖房，修建之初房子极为简陋，2010年左右，砖房墙壁上出现大面积裂缝、楼顶漏水等状况，扶贫干部通过实地调研了解王某家房屋状况，帮助王某向政府申请危房改造费用，获得专款补助后，王某家的房屋安全性能得到进一步提升。

　　日常工作中，扶贫干部更多从精神和心理方面鼓励王某一家激发内生动力，依靠自身努力增强抵抗贫困的能力，减少对政府的依赖。在工作之余，扶贫干部主动家访，了解王某一家的计划安排，并给出客观的意见，帮助王某家合理规避风险，发现他们面临的困境，主动帮助他们寻求解决的办法。王某为了表示对扶贫干部的感谢，在扶贫干部生日之际以朋友身份发送红包200元，扶贫干部拒绝领取，表示心意已领，为王某家做的这些工作是政策文件要求，也是自己的职责所在。扶贫干部多管齐下，改善了王某家的生存环境与生活条件。

从王某家收支明白卡可以清楚知晓王某家2020年的资金来源以及组成部分，从表中了解到王某家该年家庭纯收入为58396.6元，人均纯收入为9732.76元，远高于贫困线的划定标准。

村里和王某家状况差不多的贫困户也在扶贫干部的扶持下实现了增收，不同贫困户实施不同的扶贫政策，起到了对症下药的作用。王某家这样的例子在上寨村并不是个例，政府还推行不同的扶贫策略如通过资助贫困户养牛、养猪，协助他们获得政府专款支持，帮农户打开销售渠道。鼓励村民提升自身综合能力，针对所有村民开展相关技能培训，如开展电焊、厨师等，培训期间进行补助，精准扶贫户的补助标准略高于普通村民，培训合格后颁发相关资格证书，还积极推荐就业，增加村民收入。通过村民王某一家的例子体现了精准脱贫的真实成效，贫困户既是精准扶贫的参与者也是精准扶贫的受益者。

二、村委的忧虑

通过与村干部沟通交流，我也洞悉了上寨村发展受限的一些原因。上寨村每年考取大学的学生寥寥无几，多数学生在初中或高中就辍学外出务工，成绩不理想是一方面，"读书无用论"盛行和不良风气是另一方面。父母外出务工后，他们的子女成为留守儿童，缺乏父母监督与农村教学设施落后，使他们的学习成绩远远低于平行县城学生成绩。村里已辍学的年轻人居多，在他们的鼓动下，一部分留守儿童会辍学跟着他们外出务工，使得村里新生力量过于薄弱。村干部的年龄都在30岁以上，文化程度不是太高，只能管理村中的日常杂务，至于如何带领村民发展致富则受限于他们的自身能力。考上大学的学生也选择了留在大城市奋斗，使得村干部们想找几个大学生和他们一起工作也变得相当困难。精准扶贫开展后，村干部们有了更多机会与平台发声，也从扶贫干部身上学到了众多扶贫小技巧。

一个村发展得好不好，关键看干部如何带头，从以上例子来看这也是上寨村发展受限的原因之一。精准扶贫开展后，每个村都增设了第一书记，他们都是从各自工作岗位派遣到农村的优秀人才，壮大了上寨村的人才队伍建设。

三、总结反思

精准脱贫是打赢贫困的第一步，只有村民的口袋鼓了、日子红火了才是真正的告别贫困。基于王某一家的脱贫之路，我们发现扶贫干部在其中扮演了很重要的角色，一个干部的作为与不作为对贫困对象的影响是巨大的，只有老百姓真切地感受到了扶贫干部是在为他们考虑、谋划，他们才会更主动地参与进来。单靠扶贫干部的努力或贫困群体的崛起是不可能完成的，扶贫春风吹入上寨村，给上寨村带来了新的希望与机遇，还有众多和王某家扶贫干部一样的一线工作者，他们在自己平凡的岗位上奉献着自己的青春和热血，正是在他们和贫困群体的共同努力下，打赢这场无硝烟之战的决心和毅力才会更持久与坚定。他们在帮助贫困群体找问题、找差距，促进着农村贫困人口的脱贫，这也给扶贫工作人员一个警醒：扶贫先扶志，激发其内生动力才是增强其面对贫困的重要法宝。

[感受体会]

扶贫工作要落实到田间地头才有生命力，只停留在书面上它是缺乏支撑难以直立行走的。同时，摆脱贫困也需要多方的通力合作，单靠一方的努力，效果往往不会太理想。扶贫干部在扶贫中的行事作风也会对老百姓产生重要影响，你是不是真切地为老百姓服务，他们是可以感觉得到的，只有他们感觉到了才会积极地参与。

通过实地调研，我发现，将书本上学到的一些知识运用于实际，很多其实是行不通的，因为我们和实践打交道的机会太少了，很多解决策略方法都只停留在书面上，都是理想化的情况下会怎样，而不是在实践中真会怎样；书中会提及运用什么理论，但往往不会告诉你如何去和别人打交道与建立关系，而这一点正是我们所欠缺的。传统的课堂上是以老师的说教为主，但认真听课的学生寥寥无几，一个是老师的讲课是否有吸引力，另一个是大家习惯了通过别人获取知识而不是自己去学习探索知识。只有在实践中需要什么知识了，学生才会自己去学习。在以后的课堂上可以适当转换一下双方的关系。

（社会工作2020级　王小萌）

济贫"药方"

人与人之间建立关系的方式有很多种，能把一个人和一个完全陌生又生活在社会底层的家庭联系得如此紧密如亲人朋友般的，或许只有扶贫了吧。我利用假期到乡镇的几个村了解了一些我身边的扶贫故事。作为六盘水市水城县最偏远的一个乡镇，几乎家家户户都是贫困户，曾经这里的经济水平真的是一言难尽，基础设施不够完善，教育也十分落后。在党中央提出"精准扶贫"的政策后，乡里发生了很大的变化，精确到家家户户的政策就像给病人看病一样，对症下药，给贫困户找到战胜贫困的"药方"。下面我们一起来看看发生在贵州省六盘水市水城县花戛乡的那些扶贫故事。

一、穷则独善其身，达则兼济天下——好书记

在贵州省六盘水市水城县最偏远的一个乡镇——花戛乡，有一个山高路远、交通不便、土地资源破碎的小山村——磋播村。"高山冷清，洋芋当顿；想吃米汤，只有害病。"这句俗话真实地描写了20年前这个村子的状况。由于喀斯特地貌的影响，加之海拔较高，到处都是小石块，土地资源十分有限，想要种植水稻作物根本不可能。但是有一个其貌不扬、有着顽强生命力和适应能力的物种——土豆，能够在这片贫瘠的土地上存活，所以它也自然而然地成为人们餐桌上的主食。当时，米饭几乎成为一种奢侈品，只有生病的时候才能够喝上一口米汤，只是米汤！

徐大哥，一个土生土长的磋播人。20世纪80年代，因为难以忍受贫苦的生活，他随父母搬到了附近条件较好的顺场乡。为了日子能够好过一点儿，

1994年,他开始种植烤烟、做小生意、开餐馆等。虽然自己过上了好日子,但一想到村里还有几百户父老乡亲,住在交通不便、基础设施落后的山里,过着吃不饱、穿不暖的日子,他心里十分着急。正所谓"穷则独善其身,达则兼济天下",2008年,他决定回到家乡,带领村民一起脱贫致富。

磋播村贫困的主要原因是交通不便。在贵州流传着这样的俗语"天无三日晴,地无三里平",讲的就是天气如同婴孩儿的脸一样多变,晴天尘土飞扬,雨天满身泥泞。俗话说,要想富,先修路。徐大哥回到村里的第一件事就是组织修路。2012年,在政府的支持下,从磋播村到顺场乡的道路修建成功。道路修通后,基础设施也逐步得到完善。但要拔穷根,还得有产业支撑。通过群众会、院坝会、入户动员等方式,徐大哥根据当地自然条件,因地制宜引导和支持村民种植经济价值较高的食用菌、猕猴桃、刺梨等农作物。从那以后,乡亲们不再像从前那般只能种植单一的土豆,不再吃不饱饭了。乡亲们有了较为稳定的经济来源,不用再为了生活背井离乡,可以留在家乡工作并陪着家人,日子越过越有盼头,幸福感和满足感都有了很大提高。

二、革命青年是块砖,哪里需要往哪儿搬——青年教师

另一个故事的主人公是花戛乡海子希望小学的一位青年教师。海子村地势高、常年湿冷,老师们都住在15平方米不到的单间里,没有卫生间,条件十分艰苦。也许是因为地理位置和自然条件恶劣,村子的名字承载了当地人对平坦辽阔的向往。2017年,大学毕业后的朱家佑,怀着一腔热血回到家乡,成为花戛乡鸡场小学的一名音乐老师,同时也是脱贫攻坚工作中的一名帮扶工作者。朱老师认真负责地做好自己职责范围内的工作,除此之外,他还会开车前往离学校不远的吴王村,在这里他有4户帮扶家庭,帮助村民们打扫卫生,提醒他们注意环境卫生,给贫困家庭做思想工作,让他们认识到教育的重要性,改变思想观念,学习技能,激发他们发展致富的信心。正所谓"革命青年是块砖,哪里需要往哪儿搬",2019年,因海子村教师空缺,他被任命前往希望小学任教。在这里,他一如既往地认真工作,先后担任了班主任、少先大队辅导员、思政教育等工作。据朱老师介绍,山里有很多留守儿

童,他们的父母因为需要外出务工,不能陪在孩子身边,相比学习任务,孩子们更需要的是陪伴和关心。到了周末,朱老师还会驾车到吴王村渡口组、者卡村大寨组进行走访,做"一户一袋"工作,以便能更精准地了解帮扶信息和情况。

像朱老师这样的扶贫工作者在我们那个乡镇还有很多,我初中的英语老师、初三的班主任。教育扶贫工作正是因为有了像他们这样尽职尽责的老师才会发展得更好。经济扶贫和教育扶贫同等重要,只有经济扶贫是行不通的。扶贫工作开展的近几年来,我们不难发现有很多坐等帮扶的贫困户,他们不仅心安理得地接受国家的帮助,甚至有的还蛮不讲理,依赖上了这种天降馅饼的好事。所以教育在这里就显得尤为重要,要让他们从思想深处认识自食其力的重要性,不能坐吃山空,要发展和培养一项能够养活自己的技能。再看第一个故事里的徐先生,"穷则独善其身,达则兼济天下"的品质在他身上诠释得淋漓尽致,在自己有了能力之后回到家乡帮助父老乡亲脱贫致富,扶贫工作也正是因为有了他们不辞辛苦、甘愿付出的精神才有了很大进展。作为社会主义的接班人,希望我们能够虚心向他们学习,为社会主义工作献出自己的一分力量!

[感受体会]

纸上得来终觉浅,绝知此事要躬行。在信息化时代,想了解什么事儿上网一查便知,但这也有一个明显的弊端,就是容易被"牵着鼻子走",了解到的信息比较破碎,也不容易分辨信息的真伪性。学院组织的这次调研活动,让我们自己走到事件的面前,侧耳倾听那些发生在扶贫路上的真实故事。这不仅锻炼了我们的人际交往能力,写作、表达能力也得到了提高。正所谓熟能生巧,只有不断地实践和学习,我们的能力才能不断得到提高。

(行管 191　潘妹妮)

马书记的大挎兜

无意去寻春，人在春深处。春已走远，但在我们南方的山区，这脱贫攻坚后的景色，比春更浓郁、更饱满、更奔放。

农村是一个大舞台，基层是一个大课堂，农民是一名好老师。从小就在农村长大的马书记，亲身体验过"劈柴、喂马、淘粪、种地"的农家生活，也就十分理解和感佩农家人面对农事的细碎和操劳，所以他仍然保持着对生活的坚韧和勇气，仍然对幸福生活满怀憧憬，仍然靠自己的双手和勤劳创造价值，这样的农家精神值得我学习。他从农村来，也十分愿意去报答养育他的土地，在基层的土壤上勤劳耕耘和挥洒汗水。

路过一片整齐干净的房子时，马书记露出了欣慰的表情。伸出手指向远方，凑过来骄傲地对我说："看到那片房子了吗？那里住的都是贫困户，现在都住上了干净结实的房子，那些房子都是我们组织建设的。"我看向那边的小乡村，温馨踏实的感觉涌上心头。他又和我分享道，"那时候到乡下施工真的辛苦，天刚刚亮就开始了一天的作业，盖房子、修棚顶、处理各种隐患问题，大太阳晒得皮肤通红，下雨天还要接着干呢。为了让村民们更早地住上好房子，我们得保证质量，加快速度。"

每次和马书记聊天，他都会跟我抱怨几句工作上的苦累，折磨得他心力交瘁，耐心地听着马书记发的牢骚，我觉得基建都是用汗水浇灌出来的。说到这里，马书记突然露出笑容。我不解地问到，怎么突然变得开心了？马书记满脸欣慰地说："现在啊，国家政策越来越好了，马上就要迎来全面脱贫了。看见大伙儿住上了好房子，过上了好日子，当初基建吃的苦头都抛之脑后，让贫困户住上好房子，不收取过多的费用，把农民的利益做到最大化，我觉得远比建高楼大厦有意思。"听了马书记的肺腑之言,我敬佩之情油然而生,马书记这份面对贫困农民的责任心和耐心,对待群众的热情态度,真的很值得我去学习!

马书记的故事还不仅仅如此。村民中的老人年长马书记几岁,都喜欢调侃叫他"马大挎兜"。因为马书记走到哪里都会抱着他那大大的挎兜,挎兜里有村民的花名册和纸笔。每当遇到村民有困难,马书记总会从挎兜里掏出这些"小物件",将它们一一记下,并牢记在心里。

都说"鞋底的泥有多厚,与群众的感情就有多深"。在一天天与老百姓的交往中,哪家的孩子学费交不了,哪家的大爷生病了,哪家的邻里间有矛盾了,哪家孩子考上了大学,哪家养殖业丰产……这些点滴的小事都全部收录在马书记的大挎兜里。群众最盼的是加快发展、尽快富裕;最愁的是发展无望、致富无门;最怨的是有忧难解、有事难办。马书记在平时的工作中时刻与群众感同身受,心系群众冷暖;在走村入户的过程中,从点滴力所能及的小事做起,"一枝一叶总关情",帮百姓解决诸如上学、看病、就业等实际问题。看到百姓的笑容,得到百姓的称赞,我想马书记的内心是暖的。

每到黄牛出栏的季节,我们村客商云集,个个脸上洋溢着丰收的喜悦。贫困户春生拿着刚领到的 5 万余元黄牛款高兴地说:"多亏了马书记,引进黄牛新品种,从幼牛到出栏,技术指导、产供销一条龙免费服务,有了马书记,我们的好日子是真的来了。"2021 年以来,在脱贫攻坚战中,我们村在马书记的指导下,跟着"党委政府指导、包联单位帮扶、支部引领、贫困户受益"的思路,找准抓党建促脱贫的发力点,不断调整产业结构,大力发展特色产业,将有限的人财物资源发挥出最大效益,确保贫困户如期脱贫。对此,村民们纷纷夸赞马书记。马书记只是笑笑,拿出挎包里的小笔记本,记下每户的收成。

马书记在基层成长成才。从办公室走到农村土地,与城市相比,农村工作清苦很多,工作艰苦很多,"晴天一身灰,雨天一身泥",一个挎包蹚过山川河流,走过春夏秋冬。看着村里历任耕耘的前辈,看着乡亲殷切的眼光,马书记爱上了这份家长里短的工作。不把村干部当职业,而把村干部当事业,想着要把芭蕉村建成和村名一样美丽、一样富裕的乡村。他凭着一股子朝气、一股子激情、一股子闯劲,在琐碎的小事中,认识了社会,砥砺了品行,增长了才干。

他在平凡的岗位闪耀着不平凡的光芒,一点点的发光发热,将"平凡"汇聚成不平凡的国家力量。没有鲜花和掌声,生活是如此平凡;日复一日坚守岗位,风雨无阻,但又是如此的不平凡。平凡的人们用坚定的廉政信念、过硬的业务素质、踏实的工作作风,在平凡的岗位上闪耀着不平凡的光辉,散发着暖心的热量。

在今天这个美好的社会里,回想村中旧貌,我依稀记得:一间间平房矮小、狭窄,有砖建成的,有泥砌成的,非常简陋;村道肮脏,雨天泥泞,晴天沙尘扑面;家家户户都一贫如洗,村民为两餐下肚而起早摸黑地忙个不停,至于衣着就是"新三年,旧三年,缝缝补补又三年"。

事过境迁,村子让人另眼相看了。村民在马书记的带领下,乘着改革开放、奔小康这股强劲的东风,真的"闹起革命"来了。外出做生意,开厂房;在家搞副业,学习科学种田、科学养殖。经过村民们的艰辛努力,钱财滚滚来,大家弃去白鸽笼般的住房,到村前起大屋、围亭院、置家电、搞绿化,一个崭新的芭蕉村面世了。

村貌变,人也变。村中老人再不用为儿孙操持家务,担心温饱,终日牵肠挂肚,而今,在村中,经常可见老人们穿着时尚,无忧无虑地聚于村中亭内树下谈天说地、谈笑风生,有时还去村里的文化室组织一些活动,他们都享受着乐融融的晚年生活。年轻一辈就更不用说了,生活得多姿多彩,并不比城里人差。骑着摩托车、开着小汽车出入,提着皮包去和外商谈生意,运用机械耕种,这就是昔日面朝黄土背朝天的农民!他们插上坚硬的彩色翅膀,飞翔于田野、厂矿、企业,飞翔于农村、城市。马书记承载着我们对未来的幻想,带领着我们走在小康的路上。

今天在党的领导下,我们的社会主义建设事业蓬勃发展,人民过着幸福的新生活。韶华易转,时光穿梭,岁月不待人。2021年正是决胜全面小康、决战脱贫攻坚的收官之年,也是实现"两个一百年"奋斗目标的历史交汇之年。中国梦已经不再是缥渺的"梦"。

古人云:不积跬步无以至千里,不积小流无以成江海。让我们手拉手,团结协作，共同走出贫困。从每一件小事做起，以勤奋的精神、以务实的态度、以廉洁的作风，积极投身到时代的浪潮中，共创灿烂的明天，谱写辉煌的人生！

在马书记的故事中，随处可以见到劳动的力量、生命的力量。在他们身上，我学会了百折不挠，在人生的道路上，困难何其之多，只要携带一颗坚持的心，荆棘遍布，也阻挡不了前行的脚步。最后，还想对马书记说一声辛苦了，他的挎包陪着他在农村这片广阔的天地中，守望着点点星空，践行着建设美好新农村的理想，坚守信念，绽放光彩。

[感受体会]

在这次社会实践中，我切身感受到了"劈柴、喂马、淘粪、种地"的农家生活，也十分理解和感佩农家人面对农事的细碎和操劳。村中的建设在马书记的带领下变得越来越好，许多贫困户现在都住上了干净结实的房子。村民在马书记的带领下，乘着改革开放、奔小康这股强劲的东风，真的"闹起革命"来了。外出做生意，开厂房；在家搞副业，学习科学种田、科学养殖。在村中，经常可见老人们穿着时尚，无忧无虑地聚于村中亭内树下谈天说地、谈笑风生，有时去村里的文化室组织一些活动，他们都享受着乐融融的晚年生活。在这次社会实践过程中，也遇到了许多困难，万事开头难，在刚开始与马书记接触时，遇到了许多问题。只要把开头做好了，后面的许多问题就都会迎刃而解，我们在面对挫折的时候不要放弃。另外，这次社会实践工作也是在为我积累社会经验，我们不仅要进行理论学习还要亲身去实践，将理论和实践相结合。

（行管192　罗升）

研究生第一书记带领村民脱贫

"离土地越近,离真理越近。"这是张可几年来与群众并肩奋斗脱贫的深刻体会。才出校门,又进山村。张可是茶学专业研究生,2015年3月,被汉中市作为高层次人才引进,进入南郑区农业局,从事茶叶技术推广工作。刚刚走上工作岗位2个月,就被组织任命到佛头山村任第一书记,一年后,又担任沙坝村第一书记。

"才毕业的毛头小子能干啥?"村民看到来村扶贫的第一书记是个不到30岁的小伙子,有点质疑。但张可心里一直憋着一股劲儿,他从小家境贫寒,父亲身体残疾,多亏乡亲们帮衬,家里才迈过一个又一个坎儿。他靠着奖学金、助学金,得以完成学业。

"我深知穷人过日子的艰难。因此,用自己所学带领乡亲们脱贫致富,是我一直以来的奋斗目标。"张可信念坚定,道出了他回乡反哺的初心。

为了尽快熟悉村情,掌握民意,张可白天入户走访,晚上整理归类,很快就把村里的情况摸得"门儿清":沙坝村601户1762人,有建档立卡贫困户159户329人,零星分散的养殖业并没有形成规模。村民主要靠种点散茶和外出务工维持生活。

没有产业咋脱贫致富?靠自己的专业才能。张可与村"两委"班子研讨提出了"引进新型经营主体带动产业扶贫"的想法,依靠企业推动产业发展,带动贫困户长期增收稳定脱贫。最终确定了沙坝村的3年特色扶贫产业发展思路目标:长效特色产业发展茶叶和猕猴桃,短期发展中药材、养殖业,实现户均2亩茶叶、人均10棵果树,持续推进特色产业与庭院经济共同发展,带动全村脱贫致富。

马不停蹄，只争朝夕。张可发动一切资源联系企业寻求合作，沙坝村的自然优势、区政府的扶持政策、驻村队伍的技术人才优势，他都如数家珍。看过脸色，碰过钉子，但每次对接、谈判，他都倾注了极大的耐心和诚意。在张可锲而不舍的努力下，汉中农茗园茶业公司决定到村里投资。

企业同意了，村里却炸开了锅。不少村民不愿流转土地，怕自己的投入"有去无回"。为了打消村民的顾虑，张可找到村里的老党员、有威望的长者，讲政策、算细账、做工作。在村里召开土地集中流转会议时，足足讨论了4个多小时。张可一一解答大家提出的问题，终于做通了群众工作。1个月内，涉及30多户农户的100多亩土地全部流转到位。

通过张可的努力，5年间，沙坝村成功引入了4家企业，投资近1000万元。建成了陕南最大的黑毛茶产业扶贫示范园、茶叶扦插产业园、猕猴桃产业示范园及大闸蟹稻田综合养殖基地。

全村茶园面积达到1700亩，实现户均2亩茶，人均10棵果树，引进企业生产的黑毛茶，每日鲜茶叶加工量2万多斤，可产干茶5000斤，解决了全村乃至全区近800户茶农夏秋茶资源无法利用的问题，延长采摘期100天，让农户6~10月的茶园有收入，亩均增收1200元。提供贫困户就业岗位60个，贫困户务工就业平均增收2000元。2018年实现了整村脱贫。

几年间，张可扎根沙坝，送政策、资金，了解贫困群众生活、生产过程中存在的问题。有时返回村委会已是深夜，没有热饭，就吃点水果充饥，但他从未喊过苦、说过累，更未想过退缩。妻子临产、母亲和岳母住院，张可都无暇照顾，自己胆结石和肾结石交替发作，他也是忍痛克服。年轻的张可就是凭着"拼命三郎"的干劲带领乡亲们走上了致富路。

功夫不负有心人。张可先后获得汉中市脱贫攻坚先进个人、汉中市第六届道德模范提名、陕西省助力脱贫攻坚竞赛先进个人、陕西省脱贫攻坚贡献奖、全国农业农村系统先进个人等荣誉。他还作为汉中市唯一一个产业扶贫经验代表进入全省产业扶贫先进事迹报告团，在省市县各级巡回宣讲30余次。

如今的沙坝村，黑毛茶初制厂机器轰鸣，良种茶叶扦插示范园满目青翠，猕猴桃基地枝繁叶茂硕果累累，稻田综合养殖的大闸蟹活蹦乱跳，幢幢安置点新居鳞次栉比。

急群众之所急，想群众之所想，帮群众之所需。张可带领群众走上的脱贫"幸福路"，也是他的人生"奋斗路"。"风雨无阻，无怨无悔，我将在产业脱贫的路上不忘初心，继续前进。"张可说。

[感受体会]

多年来，全国的扶贫干部们顶烈日、战酷暑、冒雨雪、踏泥泞，进百家门、问百家贫、扶百家困，用脚步丈量村组小路，用温情宽慰无助的心灵，用实际行动诠释初心使命，虽然没有力拔山兮气盖世的豪言壮语，却有着春雨无声润万物的一往情深。他们在"小家"与"大家"之间，做出了无悔的选择，有的父子齐上阵、夫妻同驻村，有的未能在父母身边尽孝，有的离别新婚的爱人坚持驻村，有的将子女转入包联村上学，有的年近花甲却仍然扎根在脱贫工作一线，有的甚至献出了宝贵的生命。这样的故事还有很多，这些点滴的感动汇成涓涓暖流，滋润着贫困群众的心田，书写了脱贫攻坚史册上浓墨重彩的华章。

（行管192　陈思颖）

一个贫困生的求学之路

深处大山，贫困像是影子，跟随着每一个大山里的孩子，形成一种"刻板印像"，或多或少地成为孩子不自信的根源。小婷（化名）就是这群孩子中的一个，无法抛开家乡独有的贫困"特色"，在国家实施精准扶贫计划之后，国家政策给予了像小婷这样深处大山里的孩子们接受教育的机会，像一束光照亮了他们的求学之路。

扶贫开发是我国政府自改革开放初期就密切关注并大力推进的社会工程，在诸多扶贫开发研究中，教育与扶贫之间存在着最为持久性的密切联系，其在实践中具体表现为：教育扶贫意味着"扶教育之贫"，即教育始终都是扶贫开发的主要阵地和关键领域，其将教育作为扶贫的目标、任务、内容或领域，并通过政策倾斜、加大投入、调整结构等各种方式以最终实现教育领域的减贫与脱贫。

"扶贫政策和脱贫攻坚"带给贫困孩子们的力量，有时候足以改变他们的一生。农村受限于经济发展、教育重视程度、农村社会氛围及教育资源等因素，对孩子的读书教育远落后于城市。一个农村家庭养育多个孩子，很多父母受限于自身背景的影响对孩子的教育不够重视，简单地让孩子去学校读书，毕业了很多父母会让孩子直接去打工赚钱，相对于培养孩子，让孩子成为家中的劳动力变得更加现实，也似乎更符合农村的社会氛围，衍生出很多农村孩子初中毕业甚至初中未毕业就外出打工的现象。

小婷是家里最大的一个孩子，目前正处于初三阶段，即将面临中考，当我和她交谈时才知道，如果没有2018年末村里那张精准扶贫困难户确定表，也许她也会选择中途辍学，踏上打工补贴家用的路途，这也是当时她步入初中时,似乎就已经看到了她求学之路的终结。小婷还有两个妹妹,分别在读初一和幼儿园,家里唯一的经济支柱就是她的爸爸,最小的妹妹是她爸爸和继母的女儿,由于各种复杂的家庭关系问题,她的继母在邻县租房子照看小妹读幼儿园。小婷和二妹从小是跟着她们的奶奶长大的,随着两姊妹相继步入初中,每周五从学校放学回来看到年近耄耋的奶奶还在忙着干活,小婷心里总是沉甸甸的,她说每次回来都感觉到奶奶日渐苍老,但她是无奈且无助的,内心也常常埋怨自己的无能。

在农村还有一种现象,贫困家庭的孩子更容易通过好成绩而继续接受更高的教育。刚开始步入初中的小婷觉得反正都是要出去打工的,学习成绩似乎也没那么重要,她过得浑浑噩噩。当她的期末成绩因为多科不及格被老师谈话、被她爸爸批评责骂时,小婷仍不以为然,因为她内心深处的认知就是读完初中就得跟着爸爸外出打工,在学校也就是混日子。但奶奶的劝说让小婷态度有所转变,年迈的奶奶每周都会把好吃的留到她和二妹放学回来吃,不舍得让她们干特别累的活儿,有空就让她们看书写作业,省吃俭用给她们存够买资料的费用。而且因为从小带她们,显然她们与奶奶更亲近。但是最让小婷顾忌的依旧是钱这一最根本的问题,因为爸爸一人负担太重了,她又不想奶奶一直过着苦日子。在小婷的身上总能看到远比同龄人更多的忧愁和烦恼,从左邻右舍的口中总能知晓她是格外的勤劳和懂事,和她交流会发现还夹杂着莫名的成熟。上大学对于普通家庭孩子像登高,对小婷这一类贫困家庭孩子像做"忠义难全"的选择题,要考虑家庭能不能负担他们的学费和生活费,还有更多的是不忍心,不忍心家人的多年付出,非常想回报家人的急切心情,考上了要不要去读大学又成为选择题。

在2018年的寒冬,随着加强教育精准建设工作的开展,统筹教育资金和项目向贫困地区倾斜;对建档立卡贫困户子女就学实施教育费用补贴帮扶;建立从学前教育到高中教育全覆盖的对接帮扶体系。既"扶智"又"扶志"。贫困户的具体认定是由村里扶贫部门负责的,而不是学校教育部门自己评定的,这样更加确保了资源得到有效使用,识别更加精准。发展教育是扶贫脱贫的根本之举,而教育扶贫对于每一个寒门学子来说,都是他们求学道路上的一盏明灯。小婷就被这盏灯的光亮照耀着。寒假期间,村里的扶贫干部来访时给她普及了很多的政策帮扶知识，比如国家助学贷款，给了贫困大学生读大学的底气，并鼓励她努力考大学。

同时通过定点帮扶和驻村干部的讲解，小婷还了解到，大学设置了很多助学金和奖学金，有相当一部分助学金是专为贫困家庭读书的孩子设置的，为他们努力学习提供了某种程度的动力。"穷人的孩子早当家"这句话也折射出在经过贫困磨砺后，他们更知道生活的难处就是柴米油盐，是精确地计算自己在食堂吃的每一顿的支出，甚至早餐是水煮蛋还是茶叶蛋，还有计算时间付出收获比。

2019年开春，小婷迎着暖风，踏着轻快的步伐，在春日阳光照耀下步入初一下学期。她说那时候感觉就像是有了一个很稳健的依靠。帮扶干部每个季度都会来小婷家访问，查看小婷家里粮食米面是否短缺和家中有无安全隐患；询问小婷奶奶身体状况，有时还带奶奶去检查、输液、买药、打针等；除了物质上的极力满足外，扶贫干部还经常做小婷的思想工作，让小婷好好学习考上高中、考上大学。令小婷自己很感动的是，一个扶贫阿姨还贴心地给她讲早恋和生理问题，把小婷当自己女儿一样，这让母爱较为缺失的小婷内心特别温暖。

现在，社会上有很多爱心人士和团体，通过有形或者无形的方式资助像小婷一样的孩子，助力他们的求学之路，让这些孩子感受到了源自社会的温暖，这是一种无形的力量，会让被资助者产生被认同的感觉，并在长期的培养和演化中，衍生出对社会的责任感，以至于很多被资助的人，在有能力的时候会通过各种方式去回馈社会。小婷也说，每一次得到各种帮助时她都有记在心里，等她毕业工作了也会在自己能力允许范围内，去帮助更多需要帮助的人，把接受到的爱传递下去。当听到她这番话时，我深刻地认知到，国家扶贫和社会资助是成功的，教育扶贫的方针真的贯彻落实到了基层，扶进了人心。让像小婷这样的孩子在这一过程中真真切切地感受到祖国母亲对于她们的重视和帮扶脱贫的决心，让扶贫不只是扶一代，还可以一代扶一代，共同走向繁荣富强的新时代。

现在的小婷正在备战中考，当她逐渐摆脱没钱上学的阴影，放弃打工的选择后，一切都在扶贫干部的帮助下步入正轨。从初二开始努力刻苦的小婷在学习上有了新突破，从年级后几名逐渐向中高等成绩过渡。而且受从小生活环境的影响，小婷在体育方面颇有造诣，学校每年的运动会颁奖礼上，总能看到她的身影。当我问到她对于中考体育的态度时，明显能够感受到对于体育方面，眼前这个阳光开朗的女孩是相信自己的。她找到了热爱的事情和奋斗的目标，虽然贫困影子依旧伴随，但小婷逐渐从自我怀疑中破茧成蝶，并且正朝着美好的方向追逐。

希望在2021年的中考落幕时这个爱笑的女孩，顶着灿烂的阳光，洋溢着青春的活力和秀美的面容，露出舒心的微笑。

[感受体会]

脱贫摘帽不仅指物质脱贫，更重要的在于精神脱贫。为了解我们村贫困生家庭经济脱贫和"精神脱贫"的现状，我找到了我们村某一贫困户的大女儿进行了实践调研和访谈。在选择调查对象时我的内心很矛盾，也很纠结。一方面，担心伤害到采访对象的自尊心，导致对方不愿配合；另一方面，我害怕访谈对象的回答不切实，同时调查面过窄导致扶贫故事的真实性和宽泛性受到影响。

在鼓足勇气后，我终于迈出了第一步。先和预调查对象在线上交流，逐渐熟络之后，我开始去她家找她面对面交流，增强信任度。征得同意后，我正式确定她为我的调查对象。于是访问了她的邻居，恰逢过年之际，我从她的亲戚朋友那儿了解到她的相关情况。在访问交谈的过程中，调查对象的友好和热情让我明白，我的担心多余了，她的阳光开朗并不会觉得我的调查有丝毫伤害她自尊心的表现。同时我也发现，以小显大的角度也足以反映扶贫的成效，特别是在年轻一代精神层面的显现，更加能够折射出我国教育扶贫的效果。

为了更全面地了解政府有关脱贫政策的情况，我走访了村委会。到村委会后，与村支书交谈起来才知道，村内会定期召开会议，反映村内存在的一些问题，并且大家会分享搜集来的资料，多数是关于其他村子脱贫成功的经验分享。这次交流，让我对于经济脱贫的认识更近一步。

不同于以往组队开展调查实践时配合融入团体，多次的交流和磨合，相互鼓励、相互配合的风格,这一次的调查开展就自己一个人,锻炼了我的自主性和积极性,同时也提高了我的计划能力和交流沟通能力,加深了我对贫困生学习生活思想各方面的认知。经过耐心调查和认真整合资料,我发现政府为贫困村提供了很多的帮助,而且调动了村民们的奋斗积极性,给予了贫困生极大的底气和动力。国家是伟大的,干部是负责的,扶贫对象是感激和努力的。虽然社会实践时间不长,但在此期间,我们探究了石桥村脱贫的现状,也了解了打赢脱贫攻坚应注意的问题,还加强了自身能力建设,磨炼了语言沟通艺术。脱贫摘帽不是终点,而是新生活、新奋斗的起点。努力奋斗,让我们未来的路走得更加顺利。

陆游曾说过:"纸上得来终觉浅,绝知此事要躬行。"生活就像一种修行,只有行万里路,亲身体验实践才能有所感悟与收获。

(行管192　杨雨)

遵义"书励基金"：为贫困学子圆大学梦

2019年，民营企业家苏黎拿出100万元，设立遵义市书励人才助学慈善基金（以下简称"书励基金"）。两年来，已资助20名贫困大学生上学，累计资助80万元。

近日，我采访了受其资助的几位大学生，深受苏黎"扶贫先扶志"的精神感动。

一、"考上清华北大联系我，我们帮助解决学费"

"你的孩子考上清华北大联系我，我们帮助解决学费。"2019年4月一个寻常的下午，绥阳县洋川镇农民老何带着儿子坐网约车准备回家，当同车一位50多岁的男子向他说出这句话时，他不敢相信。

"我以为他是骗子，现在社会上各种骗子多得很。"我随同遵义市人大教科文卫委毛主任及工作人员孙强，来到老何家中回访时，老何说起孩子得到书励基金捐助的事情，感觉还在做梦。

47岁的老何是地地道道的农民，和妻子一样小学未毕业，在各自务工时发生意外，落下不同程度的残疾。家里有两个儿子，2019年，在遵义南白中学读书的大儿子正在冲刺高考。孩子成绩优异，但没钱供孩子上大学，夫妻俩为此焦头烂额。

2019年7月，遵义市南白中学有四位佼佼者以高分被清华大学、北京大学提前录取，其中一位正是老何的大儿子，以685分的优异成绩被清华大学自动化与工业工程系录取。

得到录取通知后,老何一边欣喜地接受着亲朋好友的祝福,一边为孩子的学费发愁。

此时,一通陌生来电让老何感到惊喜!电话的那一头正是之前拼车的男子毛主任,特地打电话告诉他,已得知孩子考取学校的消息,由市人大牵头组织的书励基金,将资助孩子大学四年的生活费,每年1万元,共计资助4万元。

说起当年遇到老何父子的情景,毛主任深感意外。原来,在遵义市人大任职的他,年初与市人大代表苏黎到北京开会,民营企业家苏黎告诉他,准备拿100万元做助学基金,资助贫困大学生上学。

"如何帮苏总实现这个愿望?遇到老何父子后,坚定了我做这件事的决心!"毛主任回忆:"说来也巧,打车时见一个中年人带着一个男孩,初步判定是父子关系,便主动询问孩子的学习情况。中年人信心满满地告诉我,孩子成绩很好,考清华大学没有问题,但因家里穷,没钱供孩子上学。"毛主任听后一阵惊喜,看来助学的事情可以做了。在主动留下联系电话后,毛主任将这件事情放在了心上。

在毛主任的协调下,2019年8月,"书励基金"正式设立,小何成为第一个受资助的学生。

这一意外之喜让一家人喜极而泣。"这笔钱极大解决了我们的困难,非常非常感谢你们。"老何再次见到毛主任时,高兴得有些语无伦次,感激之情溢于言表。

二、为贫困学子插上梦想翅膀

治穷先治愚,扶贫先扶智。

20世纪60年代出生的苏黎,是遵义市绥阳县风华镇牛心村人,自幼家境贫寒,但深受三线建设时期绥阳军工企业的影响,打小就向往军工企业。贵州交通学校汽车运用与维修专业毕业的苏黎,先被分配到061基地汽车配件基层,半年后表现突出提拔到汽车配件技术处。

1992年,邓小平南方谈话的春风,吹开了苏黎的笑脸,坚定了他"下海"创业的信心。

他怀揣借来的3000元,开始做铜材生意,靠在学校和工厂学到的知识,很快摸索到了生财之道。

1998年,苏黎开设了遵义第一家汽车销售与售后服务4S店。

2000年,苏黎母亲因病去世,备受打击的他回到了家乡,看到过去崇拜的军工企业已转为民用。他看到了商机,又一次鼓起勇气回乡办厂。

"除了要有家国情怀,也应该对这片养育我的土地有责任感!"苏黎回忆起那时的情景感叹:"自小就受军工企业的耳濡目染,我还是想做我的老本行,做中国的汽车零部件研发与生产加工。"苏黎半生坎坷,有过成功也有过失败,有欢声也有落泪,最后还是"军工梦"成全他成为当地有名的企业家。

"知识改变命运!"苏黎深知寒门子弟的艰辛,也知道仅靠回乡办厂难以拯救众多的贫困子弟。"办企业难,难在人才紧缺,特别是本土人才!"

多年来,苏黎资助无数贫困子弟上学。开始资助一两个,后来捐资给县商会慈善基金。"每人几千块钱对我来说是小钱,对每个贫困家庭的孩子就是未来。"四两拨千斤!时至今日,苏黎仍然觉得这是一笔最值得的"投资",不仅让穷苦的孩子们走出大山,看到外面的世界,也让自己无形之中获得了更多的力量,在无数次困境中鼓舞着自己砥砺前行。

苏黎在访谈中不止一次提起:"比起商人,我更愿意称自己是民族企业家,我想做的不仅是企业,更想做民族企业。"苏黎认为,扶智的最好办法就是通过高等教育解决贫困生就业,实现一人就业、全家脱贫,从而阻断代际贫困。

2019年初,苏黎按照遵义市"脱贫攻坚,代表在行动"活动要求,主动到遵义市人大教科文卫委对接工作,愿意出资100万元用于资助贫困学生。由于经营企业的事务繁多,希望由市人大教科文卫委帮忙牵头,对接教育部门和相关学校,在不宣传、不报道的情况下将资金用到实处,捐赠到真正需要帮助的贫困学生手中。

经深入研究后,最终确定遵义市慈善总会为资金落户管理单位,并于2019年4月底成立书励基金。市人大批准教科文卫委毛主任、孙强等为遵义市慈善总会会员,专门负责"书励基金"的使用方案制定、年报及财务审核、受助学生审核、资金发放审核、学生社会实践教育、二次资助、资助学生家庭及在校期间的情况跟踪核实等业务。

2019年秋季，书励基金展开了第一批学生的资助工作，受助对象需满足以下条件：参加全国普通高等学校统一招生考试，录取"985"重点院校，遵义市户籍，品学兼优学生，城镇困难群体子女，农村建档立卡贫困家庭子女。由市教育局推荐，书励基金会研究批准。受助方式为现金助学，主要用于特困生在校期间的生活费，每人每年1万元，大学四年每人生活费共计4万元。

三、我的未来不是梦

遵义市播州区龙坑街道办事处谢家坝公交车站牌前，身穿白衣布裤的小李，正静静等待前来家访的书励基金工作人员。站牌后有一条蜿蜒崎岖的乡间小路，宽度仅够一辆车通行。转过田间的山坳，经过逐渐稀少的人家以及一小片泥塘，才能到小李的家中。"我平时坐熟人的摩托车进出，需要十几分钟才能到家。"

小李家住的是年久失修的砖木结构房。她的父亲介绍："今年是我做完肾移植手术的第16年，每月治疗费3000多元，得了这个病也动不得，她爷爷也生着病，家里的开销全靠亲戚接济。所以没办法，平时都是让孩子借住在她大伯和姨妈家。"

2019年，小李高考成绩624分，被厦门大学化学化工专业录取。和其他受助的学生一样，小李第一次听到资助消息时也带有怀疑，直到签了资助协议后才定下心来，每月千元的资助相比厦门的消费水平虽是杯水车薪，但雪中送炭也是书励基金成立的目的。

小李非常珍惜宝贵的大学校园时光，用微笑和勇气去面对生活的艰辛，用知识和开朗充实自己，不仅成绩优异，还积极参加志愿者活动和社团活动，并加入学生会外联部，2020年小李获得了国家励志奖学金。

小李细数求学之路给予援手的人："除了我姨妈和大伯的支持，我非常感谢书励基金的资助，更懂得以优异的成绩回报。"

小李的父亲说："我没生病之前还能跑出租车，生病后不仅没收入，每月还要开销她爷爷的药费，靠她妈妈做临时工维持。幸好有书励基金，否则孩子读大学也不知道怎么办。"

书生自古不清贫，一笔文才天下匀。或许是知晓父母的苦楚，也或许正恰逢少年时光，小李与人交流时，稚嫩的脸庞总挂着微笑，这是对未来美好生活的笃定，洋溢着希望。

四、将这份善意传递下去

在遵义市播州区龙坑街道办事处某小区，毛主任和孙强来到第三位回访对象小吴家中，了解受助学生的学习和生活情况。接到电话后，小吴一路小跑到小区门口迎接毛主任一行。

2019 年，就读于遵义市南白中学的小吴，以 663 分的优异成绩被清华大学化学系录取。父亲是遵义市某国企工人，收入微薄，母亲无职业，且吴忠毅的外公外婆身患慢性疾病与他们同住。一家五口原本居住在仅 40 余平方米的小公寓中，正逢新冠肺炎疫情，学校要求居家上网课，原本就狭小的空间越发的局促。不得已吴家以每月租金 800 元租下了现在 70 平方米的两室一厅，租期为一年。

回想起一年前受资助的事情，小吴仍觉得是一场意料之外的惊喜。"一开始有点怀疑，怕是骗子，但又觉得很惊喜，有人愿意帮助我们家。"或许对于大部分城市家庭来说，付不起不到万元的学费是一件不可思议的事情，但这确实发生在现实生活里。"我家比较特殊，因为我父亲是国企工人，所以不符合申请减免学费或其他优惠政策的条件。"小吴父母告诉我，在没有得到助学资金之前，打算借钱供孩子上学，再穷也不能耽误孩子的未来。

"这是一份突如其来的善意，一学期 5000 元不仅解决了我的生活费，还能剩余一些留做我的学费。这一切都要感谢书励基金，不仅缓解了我家很大的经济压力，还让我有机会专注学习。我现在虽然没有经济能力，但我以后愿意将我收入的一部分捐给基金。因为我就是这么走出去的，我愿意将这份爱心传递下去，为其他有心继续读书但苦于自身条件的学生创造一个好环境。

这不仅是为了他们,也是为了国家避免人才的流失。"

据毛主任介绍,第一批资助学生共 20 人,遍布遵义市各县区市,其中 19 位学子来自建档立卡贫困户家庭,资助资金累计达 80 万元。苏黎提出继续注入资金,用于第二次助学。

走访结束时,夜幕已经降临,小吴起身送客人,桌上水杯印着的"撸起袖子加油干"几个字,衬着小吴满脸的笑容,在灯光下熠熠生辉……

[感受体会]

2021 年 2 月,冬日深夜的街头,寒风扑面而来,我的心里却泛起阵阵暖意,是为贫困学生的学业有了着落,是为他们的阳光、感恩和传承,更是为书励基金和发起人苏黎背后的故事,以及人大工作人员无私的大爱和社会责任。

是的,无论是受助学子们那份"世界以痛吻我,我却报以微笑"的坚强,还是苏黎这份"安得广厦千万间,大庇天下寒士俱欢颜"的胸怀,抑或是脱贫干部甘于"捧着一颗心来,不带半棵草去"的奉献……扶贫先扶志,这份志气是给寒门子弟的期许,也是激励中华儿女坚决打下脱贫攻坚战的志气。综观漫漫脱贫路,有苏黎这样的伯乐,有小吴、小李这样的千里马,也有奔波一线为人民服务的孺子牛,他们在平凡的生活里用自己的力量抒写着不平凡的人生,也正是有这样千千万万个"小人物",才铸就了我国脱贫攻坚战取得全面胜利!

此致,向每一位助力脱贫攻坚默默付出的人们敬礼!

(公共政策 2020 级　毛靖榕)

一路同行，幸福启航

2015年，中共中央召开扶贫开发工作会议，党中央、国务院印发《中共中央国务院关于打赢脱贫攻坚战的决定》，全面打响了脱贫攻坚战。党的十八大做出全面建成小康社会战略部署，拉开了脱贫攻坚战的序幕，在党和全体人民的共同努力下，在迎来中国共产党成立一百周年的重要时刻，我国的脱贫攻坚战取得了全面胜利，完成了消除绝对贫困的艰巨任务。扶贫是保障贫困户的合法权益，消除贫困户的贫困负担。在举国上下的脱贫攻坚战中，扶贫干部在贫困地区来往穿梭的身影，贫困户在迈向富裕时脸上出现的喜悦，这无一不令我们震撼不已。

Q村是云南省宣威市文兴乡下属的一个村落，有人口876户、2907人，土地面积8.91平方千米，有耕地4796.1亩，人均1.65亩，农民主要收入来源以传统的玉米、马铃薯种植，猪、牛养殖等为主。Q村的常住村民以中年老人、留守老人和留守妇女为主，大部分年轻人都外出务工了。在这些常住村民中，崔爷爷一家生活困苦。

崔爷爷今年58岁，老实善良，老伴儿患有精神疾病，两个女儿很早就嫁到外省去了，小儿子常年在外做生意，逢年过节才会回来，于是照顾老伴儿和所有生活上的开销都落在了崔爷爷一个人的肩上。崔爷爷的家中没有人打理，脏乱差已是常态。自精准扶贫整治人居环境以来，在扶贫干部的照看下，崔爷爷的家逐渐干净了起来，久而久之，扶贫干部做的这一切崔爷爷都看在眼里并十分感激，于是渐渐地他也变得讲卫生了，农闲时就里里外外收拾屋子，打扫卫生。

崔爷爷是个勤快人，每天面朝黄土背朝天，勤于劳作，在收成好时，辛苦劳作一年下来也能维持生计。但崔爷爷老伴儿精神疾病的治疗费用不菲，加上自己因年纪大了也会有看病吃药的时候，土地耕作的收入在维持生计之余也所剩无几。自精准扶贫以来，崔爷爷享受到了帮扶政策带来的好处，乡镇上卫生院的医生护士每月都上门给崔爷爷问诊、测量血压等，崔爷爷老伴儿也享受到了民政残疾金的救助，自己和老伴儿每月也有养老金可以领。崔爷爷是个懂得感恩的人，每当想到精准扶贫带给自己以及老伴儿的变化时，他都对党和政府充满了感激之情。

崔爷爷只是脱贫攻坚下的一个缩影，自精准扶贫以来，Q村许多像崔爷爷一样的贫困户都享受到了扶贫政策带来的好处。一方面，村民的生活有了好转——过去的年轻人靠外出务工挣钱，现在凭借扶贫产业，在家门口也有可观的收入；过去的孩子因贫困上不起学、老人因贫困治不起病、老无所养，现在扶贫干部把助学、医保、养老政策送到村民家中、递到村民手上。另一方面，村庄也发生了变化——过去的羊肠小道，已变成宽阔平坦的水泥公路；过去的人畜长期缺水，或饮用浑浊的沟水、井水，现在户户都通上了自来水。

一路同行，幸福启航。在嘘寒问暖的只言片语间，我们感受到了扶贫的温度；在日常琐碎的生活里，我们体味着扶贫的厚度；在家长里短的"拉家常"声里，我们品味着扶贫的宽度。精准扶贫并不是一句高尚的口号，扶贫干部和贫困户之间需要感情沟通，需要正确的政策宣传，需要调动贫困户自身脱贫的主动性、积极性。只有每位扶贫干部走入农村，走入百姓，关心百姓生活和人民疾苦，设身处地地为他们着想，谋福利、谋幸福，久而久之，扶贫干部的真诚百姓自会感受到，这样，精准扶贫政策就能走进每个贫困户的心里，被他们所感知所接受，从而形成和谐共处的安定局面，从而使每位扶贫干部都能带领百姓走上脱贫致富的道路。

作为一名在校大学生、社会主义建设的接班人，我看到了党全心全意为人民服务的心，这更加坚定了我加入中国共产党的决心，从而为社会发展贡献自己的绵薄之力。为此，在精准扶贫过程中我们要做的就是努力，努力在学习、社团活动、党员工作站的志愿活动等每件事情上都要做到最好，认真对待，为社会贡献一分力量，真正实现一人脱贫，全家致富。

[**感受体会**]

　　社会实践让我们走出校园，走出课堂，走向社会，走上了理论与实践相结合的道路。本次走访崔爷爷一家的活动，一方面，锻炼了我的能力，比如如何去崔爷爷家、如何与崔爷爷沟通交流了解情况等，在本次实践中自己的沟通交流能力得到了提升；另一方面，对于脱贫攻坚也有了更深的认识和思考，在精准扶贫工作中，扶贫干部深入群众中了解群众所需，解决群众问题，切实为群众办事的精神深深感动了我，扶贫干部是我们学习的榜样，他们为脱贫攻坚工作做出了自己的贡献。虽然这次社会实践活动让我成长了，但是在实践过程中我也表现出了不足，交谈时不够成熟、理论知识与实践结合不够紧密等，这让我深深反思了自己，回到学校后要更加认真学习，完善自己的知识储备，并不断参加社会实践活动，检验自己的知识，锻炼自己的能力，为今后更好地服务于社会打下坚实的基础。

（社会工作2020级　尤希）

三尺讲台燃岁月　教书育人助脱贫

2020 年是全国决胜全面小康、决战脱贫攻坚的收官之年，也是实现"两个一百年"奋斗目标的历史交汇之年，这是一个值得被历史铭记的伟大年份。作为全省极度贫困乡之一的贵州省黔西南州贞丰县鲁容乡，正处于脱贫攻坚的关键时期，全县、全乡都竭力倾注于脱贫攻坚工作中。沧海横流方显英雄本色，非常时期才见责任担当。在全国脱贫攻坚的关键时期，我们研支团有幸奔赴贞丰县鲁容乡开展教育扶贫工作，并成为其脱贫出列的见证者和参与者。团队共 5 人，均来自贵州大学 2015 级不同专业，除本人外，还包括队长姬杨以及队员骆吉、韩芷若、宋亚飞。2019 年 7 月至 2020 年 7 月，我们在贞丰县鲁容乡的一所乡镇中学——鲁容乡初级中学开展教育扶贫工作。身为志愿者的我们认真教学，在完成支教学校工作任务的同时，还积极投入鲁容乡的脱贫攻坚战，为当地的教育脱贫以及全县脱贫攻坚贡献自己的青春力量。在那里，除了日常教学外，我们本着志愿服务精神，并结合支教学校实际情况，积极开展系列社团、社会志愿服务及公益活动。一年里，我们尽己所能，竭力成为知识的引领者、成长的领航者、脱贫的助力者、精神的传承者、事迹的传播者。

一、认真教学——做知识的引领者

扶贫必先扶智，研支团始终将教书育人作为支教工作的核心之所在。由于鲁容乡初级中学教学资源极为缺乏，致使我们 5 名成员分别在教学、行政工作中担当重任。其中，姬杨负责七年级三个班的生物和综合实践活动教学，还担任学校生物实验室管室教师、升旗仪式管理教师、团委办公室负责人；宋亚飞负责七年级三个班的历史教学以及七二班英语教学兼女生宿舍管理员；韩芷若承担八年级三个班的英语教学；骆吉负责八年级三个班的物理及综合实践活动教学，同时担任学校物理实验室管室教师；我则承担八年级三个班的地理、八一班道德与法治以及八三班综合实践活动教学兼女生宿舍管理员。据不完全统计，我们每人每周至少达15个课时。尤其是在脱贫攻坚收尾阶段，学校全体教师入村开展扶贫工作时，我们5人承担几乎全校学生的日常管理工作，仅上学期，团队就参与各种形式的代课约300余节，总计约1500余课时。特别地，在班主任老师开展驻村工作时，姬杨和骆吉还分别承担八二班、八三班的班主任日常工作。任务虽重，但我们仍毫无懈怠地完成自己的教学工作，在期末考试中，研支团所有成员任教的学科成绩均为班级各科成绩平均分中的"佼佼者"，获得当地各级领导的高度认可。

二、用心育人——做成长的领航者

支教的一年里，研支团秉承成才与成人同样重要的育人原则，借助贵州大学向鲁容中学定向捐助修建的"心理辅导教室"不定期开展育人工作。在这里，我们是全校孩子的"知心哥哥""知心姐姐"，除疏导部分同学的心理障碍之外，还为学生解决生活、学习中所遇到的各种难题，同时培养他们正确的人生观、世界观和价值观。在研支团的帮助下，一名自闭症辍学儿童走出家庭阴影开始返校上学；另一名患有癫痫症的学生也得以送往特殊学校接受教育。同时，我们还借助很多劝返学生愿意与研支团老师交朋友的契机，不定期组织劝返学生进行谈心谈话，为学校的控辍保学工作保驾护航。此外，我们利用自身特长积极开展丰富多彩的校园活动，通过成立街舞社等5个社团，每天定时开展社团活动，拓展学生兴趣爱好、培养其高雅情操，真正从德、智、体、美、劳各个方面积极培养学生；协助当地学校团委开展纪念"一二·九"运动暨第十一届校园文化艺术节及寒假体艺活动，5人均获"优秀教师"称号。

三、捐资助学——做脱贫的助力者

除扶智以外，研支团还依托母校贵州大学为鲁容学子的成长保驾护航。在母校的支持和团委宋洪庆老师的指导下，我们通过联系社会各界爱心人士开展系列助学扶贫活动，为鲁容乡捐赠各种资源改善中小学的教学环境，共计价值超80余万元。一是积极联系贵州大学青年志愿者联合会，通过校内外募捐等形式为鲁容中学募集共3600余本书籍及杂志，其书籍涵盖教辅、文学、历史、哲学、科学等多个门类，在帮助当地的孩子体验阅读乐趣、拓展其视野的同时，争取为其埋下阅读的种子。二是携手贵州大学学生会及贞丰团县委共同发起微心愿助学捐赠活动，通过联系母校热心学子及社会各界爱心人士进行定向捐赠，以圆梦的形式让孩子知道虽条件艰苦但岁月静好，要努力将小心愿融入大梦想之中，努力学习以成就自己。三是依靠母校力量，极大地改善鲁容乡中小学教学环境。包括更换安装教室设备、生活用品以及绘制幼儿园文化墙等。四是在做好支教工作的同时，积极协助鲁容乡人民政府开展系列扶贫工作，包括日常领导接待、电话接听及访问、鲁容夜校、办公资料收集整理等，这些办公经验不仅让我们收获颇丰，也为贞丰县鲁容乡的脱贫攻坚贡献力量。

四、勇做公益——做精神的传承者

为彰显志愿者风采，同时承担青年社会责任和时代使命，研支团根据鲁容乡实际情况组织开展系列志愿服务及公益活动。一是积极组织志愿服务活动。包括联合中国女童保护协会开展"最美的春夏——青春期课堂"活动，为当地学生带去别开生面的青春期课程，教会他们应对青春期问题；开展"饺心连意·情暖寒冬"活动，给予留守儿童最暖心的冬日礼物；开展"奉献爱心·传递温情——送魔方"活动，陪伴、关心儿童成长；开展"暖暖鲁容乡，青清北盘江"志愿服务活动，努力让志愿服务精神在青年一代中迸发新的活力。二是积极开展志愿公益活动。我们多次协助乡政府为江由小学、坡帽小学等偏远村校学生送去学习和文体器具；进入鲁容社区养老院帮助老人打扫卫生,送去水果等慰问品;走进特殊学生家中进行家访,有效解决学生面临的家庭问题。三是协助开展扶贫工作。我们积极配合母校贵州大学、贞丰团县委、鲁容乡政府等开展工作,全力配合上级调度完成两次迎检工作、电话暗访、脱贫攻坚资料整理以及脱贫攻坚夜校活动的开展工作。

五、积极宣传——做事迹的传播者

一年里,研支团通过多方渠道宣传支教及教育扶贫工作,进而呼吁社会各界人士关爱山区孩子,关爱留守儿童,关注贵州极贫乡镇。2020年7月初,我们通过微博、微信、报纸等多种方式进行宣传,共推送110余篇新闻报道,共计阅读总数上万次。其中,多篇新闻稿得到中青网、中国公益网、当代先锋网、贵州共青团、多彩贵州网、中国黔西南网、亮点黔西南、黔西南日报、贵州大学官网等各级官方媒体的宣传及转发,其辐射范围极广,反映良好。

能上三尺讲台教书育人,能下村洒汗助力脱贫攻坚。服务地鲁容乡极度贫困的环境、恶劣的生活条件以及沉重的教学任务对于初来乍到的我们无疑是非常大的挑战,但同时也是人生中的一种磨炼。一分耕耘,一分收获。教育扶贫期间,研支团荣获"2019年黔西南州脱贫攻坚先进集体"的荣誉称号。我非常荣幸能够成为研支团的一员,亲身参与此次脱贫攻坚战,为贞丰县鲁容乡的教育脱贫贡献出自己的力量。2019年7月以来,我们从最开始的不适应到适应,从大学生转变成教师,从稚嫩走向成熟。我们用一颗炙热的支教心点燃山区孩子的学校及生活热情,如同长城脚下抛洒血汗的脚夫,为传递好"贵大研支团"的不灭星火,修筑起贫困山区的"教育长城",为贞丰县鲁容乡的教育脱贫攻坚战贡献力量。一年的支教扶贫时光里,我们不忘支教初心、脚踏实地,用青春和汗水在鲁容热土上默默耕耘,用一年的时间,做了一件切切实实的事,不负支教韶华。

[感受体会]

文章系作者本人亲身参与的扶贫故事,故本文均为第一人称,谨以此文送给贵州大学第21届研究生支教团贞丰分团(以下称"研支团")的全体成员，同时纪念那段美好的扶贫支教时光。

  2020年是全国决胜全面小康、决战脱贫攻坚的收官之年，也是实现"两个一百年"奋斗目标的历史交汇之年。所以非常荣幸能在这样的特殊时刻成为贞丰县鲁容乡脱贫攻坚的见证者与参与者。2019年7月至2020年7月，我作为贵州大学第21届研究生支教团贞丰分团的一员，支教于贵州省黔西南州贞丰县的一所乡镇中学——鲁容乡初级中学。扶贫支教的一年里，身为一名支教志愿者的我在教学工作中认真备课，因材施教，争取提高学生的学习成绩，并按时完成支教学校的工作任务，不断提高自身素质，时刻以一名优秀老师的标准规范自己的行为。同时言传身教，争取成为学生榜样，教会他们成才与做人同样重要；在团队工作中，我积极协助团队开展特色活动，加大新闻宣传力度，扩大团队及支教学校的网络影响力。此外，我积极协助当地政府有关部门开展控辍保学及相关扶贫工作。教育扶贫的一年里，我用一颗炙热的支教初心点燃鲁容乡孩子的学习及生活热情，用一年的时间，真正做了一件令我终生难忘的事情。

  还记得初到服务地鲁容乡时，当地贫困的环境、恶劣的生活条件以及沉重的教学任务对于我来说无疑是非常大的挑战，大学四年虽有历练，但多是在学校或者家乡，真正融入山区的实践太少。所幸在大学期间参加暑期"三下乡"社会实践之际，曾与学院的老师一起带队到贞丰县鲁容乡参与过为期一周的扶贫调研。与其他队员相比，我也算是当地的"小熟客"，这为后来一年的支教扶贫生活奠定了基础。一分耕耘，一分收获。

  毋庸置疑，人的一生，永远没有最高层次的目标，只有更高层次的追求，我们也只有不断向着更高层次的目标不懈追求，才会不断发展、进步。人的青春只有一次，但面对过去一年的教育扶贫时光，扪心自问时我能骄傲地说："我拼过，我无悔，我自豪！"经过一年的支教生活，我对人生价值也有了新的认识。现今，虽脱贫攻坚战已取得阶段性胜利，但仍不可松懈。未来的日子我也会严格要求自己，争取在做好自身研究生学习的情况下，更加努力地参与到全国乡村振兴的新战场之中，为贵州及祖国母亲的发展贡献自己的一点力量。

（政治学理论2020级　李金兰）

用心用情，温暖"小家"，共筑"大家"

脱贫攻坚，道路是曲折的，但前途是光明美好的。在习近平总书记的带领下，全国人民上下一心，近1亿贫困人口实现脱贫，取得了令全世界刮目相看的重大胜利，贵州多个贫困山村也已经实现脱贫摘帽，这期间离不开人们的共同努力！

脱贫工作中，有无数的惊喜；扶贫工作中，也有无数的感动。这些惊喜，这些感动，是脱贫、脱贫攻坚中不可遗忘的故事！

我这次调研的是余叔叔家的脱贫事迹。余叔叔和妻子有一儿一女，但因身体不适，两人都无法正常工作，还要赡养年过八十的老母亲，一家人的生活十分拮据。

2021年2月，我来到余叔叔家。2月的天气，温暖的阳光洒向地面，萌动的树干在阴影中斑驳，知了也在娇小的叶间低声鸣唱，一丝风掠过，也仿佛难以打破这个村子的宁静。

来到余叔叔家，家里没有大人，只有两个孩子在家。我和姐弟俩闲聊了很久，余叔叔才从地里除草回来。

余叔叔是一名普通的农民，前几年患上糖尿病和高血压之后，便不能干重活，只能干一些琐碎的杂事。家里还有一位80多岁的老母亲，于是，所有的家庭重担都落在了余大娘身上。余大娘每天早出晚归，一边在家附近的砖厂打工，一边种些小菜拿到街上去卖（顾客多的时候能卖50～60元，少的时候只能卖10～20元，甚至1分钱没卖到的情况都出现过），一边还要照顾家里的老小……

从余叔叔的话语中还了解到，原先他们的房屋也很破旧，家具简单，小小的院子经常显得凌乱，有时候家里有客人连坐的板凳都没有……生活的烦恼和压力使得余叔叔一家笼罩在愁云的阴影里，让他们绝望又无助。

好在经过国家以及政府扶贫政策的帮助，孩子上学能够拿到一些助学金，以及贫困生补助，解决了姐弟俩上学的问题。

村里考虑到余叔叔家里的特殊情况，让余叔叔时常巡逻村里附近山上的生火和砍伐树木的情况，所获得的报酬也能够帮助余大娘贴补家用，减轻他家的经济压力。

每月政府也会定时给余叔叔的母亲余奶奶发放养老金，让其老有所养，老有所依；在2018年的危房改造中，余叔叔一家获得了24000元的资助，加上年轻时候的积蓄，重新将老房子改造翻修，建起了一幢两层楼的房子……

相比前几年的生活，余叔叔脸上露出了笑容，他说道，对于自己享受到的扶贫政策，他们特别感恩，也会不断努力去教育孩子，供孩子上学，让孩子做个对社会有用的人，做个不拖国家后腿的人……

[感受体会]

学院的这次活动，让我有机会与村民有了更多的交流，对农村的脱贫攻坚过程有了更深的了解。余叔叔家从之前的贫苦日子到现在实现温饱基础上的小康生活，他们对生活持满意的态度，也在不断地夸赞我们的党和国家，能拥有今天这样的生活，已是感激不尽。

尽管脱贫路上充满着无限坎坷和艰辛，但是，只要持有坚定的信念和意志，尽管荆棘遍布，也阻挡不了我们前行的脚步！

同时，也感谢学院给了自己这样一个参与社会实践，感受身边"温暖"的机会，去认识和发现身边不一样的风景，学会观察这些人、那些事。在这期间，也提升了自己的语言表达能力、交际能力、实践能力；也希望在未来的学习生活中，学院能多一些这样的调研活动，增加一些有关调研、文稿的写作课程，或是在课程中增加一些写作训练，通过这样的方式来提高我们的写作撰稿能力，不断提升，共同进步！

（行管192　包广亚）

村子里的狗尾巴草

2020年是我国打赢脱贫攻坚战的收官之年，是全面建成小康社会的决胜之年，是我国广大人民群众迈向幸福生活最关键的一年。2020年近1亿贫困人口实现脱贫，贫困县全部摘帽。11月23日，贵州省宣布，包括威宁在内的9个贫困县全部退出贫困县行列。

威宁县，地处乌蒙山区，山高坡陡、土地贫瘠，与纳雍、赫章二县并称贵州"穷三角"。还记得以前老人们告诉我们，外面的人都有一句俗语叫"纳威赫，去不得"。可如今威宁县在国家各种政策的大力帮扶下已经实现了翻天覆地的变化，这些年每次放假回家我都会感受到家乡的各种变化。

一、来路不由己，来日尚可期

我爸妈，本本分分的农村人，普普通通的父母。我爸上过初中，因为家庭原因初二辍学；我妈没进过学堂，一个字都不认识。我家以前住在土墙房里，房子不大，后来盖了三间小平房。大概在2010年的时候我爸用一个月的工钱买了一台又厚又重的电视机，10多年了，一直舍不得扔。我爸妈挖过煤炭，他们说，"现在想起来都会后怕，万一当时煤炭掉下来砸死了怎么办呢？"用白手起家来形容我家的情况一点儿也不为过，穷到一包盐巴都要赊账，爸妈还因为实在没钱还债带着1岁多的弟弟出门打工。我爸也在出门打工那会儿在工地上出了意外，他的左腿到现在都还没有完全痊愈，特别怕冷，甚至大夏天都要穿两条长裤。他们却从不喊累，也从不怕吃苦。从我记事以来，爸妈从来都是天不亮就出门，月亮升到半空的时候到家，是爸妈的勤劳和能吃苦支撑着这个温暖的家。

2008 年，我上小学。我至今还清楚地记得那时候的凳子是三个人一起坐的长凳子，操场是压紧的泥土，教室里甚至没有灯。上学最怕遇到下雨天，每次从家到学校，白鞋就变成黄鞋，走到坑坑洼洼处还在心里默念"千万不要有车过来"。小学四五年级学校提供营养餐，吃不完的饭菜用饭盒带回去当作晚饭。

我想把初中这段时期称为"三年长征"，为什么会这样说呢？初中三年我是走读的，从家里到学校不远也不近，我家离学校 6 千米，每天 5 点起床，竟也不知不觉地坚持下来了。但那时候，年纪还小，并不觉得这些穷日子有多苦，反正结伴而行的都是家境差不多的堂哥，谁也不嫌弃谁。那三年，我们打着手电筒，踏着月光出发，伴着晚霞而归，那时候我听过山林里面异常凄惨的猫叫声，体验过冬天刺骨的寒风；但我也见过早晨的秋霜，看过大山里晨雾缭绕的美，满天星辰是我数不尽的小伙伴。

家里面吃的粮食都是自己家种，春种秋收，年复一年。到了收获的季节，便和父母、弟弟妹妹一起去挖土豆、搬苞谷，经常用竹筐背着几十斤重的东西往返十几次，似乎箩筐也成了我童年里形影不离的小伙伴。我仍然清楚地记得在苞谷地里施肥时被苞谷叶子抽得发红的脸，记得一箩筐一箩筐往山上背粪时哪块石头好歇脚，记得山林里哪半边山坡干柴多。割草割到手指、出门割猪草被突降的大雨淋成落汤鸡、地里碰到蛇和癞蛤蟆、被狗追、在地里扯猪草时因为抓到虫子吓得惊慌失措的样子，这些都成了我童年抹不掉的记忆。

不是所有人，都能在 20 多岁不愁吃不愁穿地读完大学，对于很多人来说，大学并不是那么容易，生活也都是艰难的。在听到村里面打工回来的人说，进厂每天可以赚两三百元的时候，我也动摇过。因为上大学不只是简简单单地念书，我面对的还有学费、生活费以及在大城市的全新生活。还清晰地记得上大学第一次坐火车时的喜悦，还记得那天晚上爸妈和我住的 20 元一个人的招待所，和那个热得凌晨 3 点睡不着我想了很多的夜晚。2020 年大二上学期，我在学校图书馆申请了勤工俭学的岗位，我很感激学校给我提供了这样的岗位。2020 年还在学校申请并获得了国家助学金，并且大一、大二都申请了生源地贷款，这给我家减少了一笔支出。我利用自己周末的时间做过很多兼职，但是我也非常清楚，作为一名学生，好好读书才是正事。

出身农村，家境贫寒，这些物质上的条件不应该成为我们好好念书的绊脚石。我哭过，我也笑过。人生有时真的好难，但生活中永远有光。写这篇故事不是在怨天尤人，我只想告诉每一个像我一样吃过很多苦的普普通通的学生，我们要选择自己想过的人生并且为之奋斗。这是我一个农村孩子的普通平凡的生活，而我家也只是脱贫攻坚大背景下的一个缩影。我不会选择后退，或许在人生这条路上我走得慢了点，但我不会放弃！未来的日子里，让我们都做一个更加勇敢的追光人！

二、新时代新光景

我们国家正大步迈向一个崭新的、美好的新时代。脱贫摘帽并不是终点，而是新生活、新奋斗的起点。

扶贫先扶志，治穷先治愚。我们常说：学习改变命运，知识改变未来。这鼓励了许多大山里面的孩子接受教育，努力学习，融入社会。接受教育才是挖除一个家庭穷根的关键。接受教育才能开阔眼界，让我们这些大山里的孩子看到外面的世界，与山里截然不同的、令人向往的新世界，越来越多的学生走出大山才能将传统的思想更新。很感谢父母让我们接受教育，不会因为家贫而让我放弃学业。虽然我没有读过一本课外书，没有像样的书桌，没有独立的房间，没有丰富的学习工具，但我知道，爸妈已经在能力范围内给了我最好的。过去，村里的很多孩子到了一定年龄就选择出门打工；现在，很多家长开始教育孩子"要多读书，将来考个好大学。""知识改变命运"这句话，我永远相信！

"要想富，先修路。"修路是乡村振兴的重要一环，交通便利是致富的一个必要条件，路修通了才能带动其他行业的兴盛。在国家政策的大力帮扶下，基本实现"沥青路，村村通，水泥路，户户通"。现在的农村早已经焕然一新了，水泥路、沥青路代替了原来的泥巴路，让大山里面的农民缩短了通往外界的道路。以前的时候，走路要一个多小时才能到镇上，去赶集要经过坑坑洼洼的泥巴路，走到街上的时候鞋子都脏了。现在好了，公路修通了，道路平坦了许多，坐车去县城都只需要一个多小时了。2020年公路边还安装上了太阳能路灯，白天蓄能，晚上天黑以后就会自动发亮，村里面的老人还说比自家灯还亮呢！

  水管家家户户通。贵州省作为全国唯一一个没有平原的省份，喀斯特地貌尤为独特，地下暗河、溶洞较多，石漠化严重，干旱缺水，最大的一个缺点就是留不住水。"地下水哗哗流，地上水贵如油"就是喀斯特地貌的显著表现。之前喝水很费劲，不管是生活用水还是喂牲畜的水都要去两三千米远的水塘挑水，冬天水塘的水结冰，就需要敲开才能用水瓢舀。而且水塘附近有人家居住，有时就会把衣服直接拿到水边洗，牲畜也直接喝，所以水不太干净，饮水安全没保障。现在水管通到家门口，在水源地修建池子蓄水，再净化水质，水可以直接饮用，不用每天起早贪黑去挑水，也不用担心水质，这在很大程度上解决了用水困难的问题，提高了村民的幸福感。

  "绿水青山就是金山银山"。通过寒假期间的实践，我观察到村子里面的环境卫生比前几年更好了，村民们的环保意识逐渐提高，随着垃圾箱以及垃圾池的修建，家家户户周围相比过去垃圾量明显减少很多，人们也开始在闲余时候打扫卫生。县宣传部门到村里面进行检查，监督每家每户打扫干净房子周围的垃圾，并且每两个星期就有部分工人在公路边打扫卫生。村里面的大喇叭也在天天喊："房前屋后扫干净，向幸福生活前进。"在配备垃圾箱以后，每家每户都将生活垃圾用袋子装好，再放到垃圾箱里面。我们村子的环境卫生也逐渐变好起来了，人人都可以居住在一个舒服、干净的环境里。

  "有了强的国，才有富的家。"故事还未结束，更加美好的生活也才刚刚开始。最后，我想说，贫穷并不可怕，可怕的是你丢了那份勇往直前的勇气和信心。我们现在只是比别人落后一步，但是，正因为这样，我们要更加努力学习，自信自强。我始终坚信，党和国家会给人民带来更加美好的生活，不会落下每一户家庭，每一个人！相信国家，相信党！

  "我们通过奋斗，披荆斩棘，走过了万水千山。我们还要继续奋斗，勇往直前，创造更加灿烂的辉煌！"

[**感受体会**]

"强者能同命运的风暴抗争。"或许来路不易,或许人生悲苦,或许命运坎坷,或许梦想很遥远,但我会选择跑得快一点儿,因为我相信甜的日子还在后头呢!这次寒假实践,我最终选择了自己家作为故事的主人公,是因为我无法感同身受地理解别人的想法。同时,我认为我家也是脱贫攻坚背景下的一个缩影,我想以第一视角带大家走进农村孩子的真实生活。

有句话说:每个人都是靠自己命运的建筑师。苦和甜来自外界,坚强则来自内心。当我们一步一个脚印,走得越来越坚定的时候,就是我们离梦想越来越近的时候。生活的旅途不是一马平川,生活也并不总是阳光和彩虹,坚定自己的心,我们也可以成为更好的自己!分享一句很喜欢的话给大家:"我仍认为,我们接受高等教育的目的是帮助家乡摆脱贫困,而不是摆脱贫困的家乡。"

父母都是不容易的,一砖一瓦都是靠自己双手打拼来的,他们普通却又不平凡。国家真的很伟大,生在这个和平盛世,我们应当学会感恩。

(行管192 王逍遥)

勇当先锋　奋斗一线

2020年是全国打赢脱贫攻坚战的决胜之年，是全面建成小康社会的收官之年。古人云：好雨知时节，当春乃发生，随风潜入夜，润物细无声。精准扶贫政策就好像是一场春雨，洒在了贫困人民群众的心中，滋润了贫困人民群众的心田。在扶贫路上，扶贫干部们一路的艰辛和汗水，甚至有一部分扶贫干部是付出了生命的代价，才换来了许多贫困群众的幸福生活。扶贫干部们把自己的青春热血洒在了脱贫攻坚这一条道路上，为实现全面建成小康社会奉献自己的力量。

佘荣杰同志于2019年12月经省委组织部任命、受省国资委委派任龙源村驻村第一书记兼工作组长，他接受组织上的安排，来到仁怀市龙源村工作。佘荣杰同志尽最大努力调动一切能够调动的资源，帮助村民们改善了生活，促进了龙源村的经济发展。

佘书记时刻牢记初心和使命，坚守岗位，认真负责，不辞辛劳。通过走访深入了解群众真正想什么、盼什么，调查摸底整理出当前存在的问题，初步掌握了村情民意，找准工作的着力点和突破口，明晰今后的工作思路，其间共计走访群众805人次，先后组织召开群众会15场；同时联系仁怀市人民检察院和茅台农商银行春节慰问贫困户和困难党员共计15户，物资合计金额3000元；向龙源村发放助农贷款42笔，共计220.9万元；协助群工组开展金仁桐高速公路龙源段占地和房屋拆迁群工工作，已取得阶段性成果。佘书记不畏艰难，不辞辛劳，尽心竭力为龙源村的人民群众排忧解难。

佘荣杰书记在龙源村实地考察走访，发现龙源村迫切需要解决的是交通问题。龙源村金竹坎组的悬崖边上有一条必经的蜿蜒小路，由于路途过于险峻，被当地百姓称为"天路"。初次走这条路的很多人都禁不住双腿直颤，不熟悉的司机师傅更是不敢轻易上路。佘书记了解情况后，与驻村扶贫工作队一起组织协调修建了一条3.5米宽的水泥硬化路穿过悬崖直通老百姓家门口。除此之外，在政府部门的指导和支持下，佘书记和驻村工作队一起不断完善龙源村的交通道路问题，坏了的公路就进行维修，没有通路的就修建公路。如今，龙源村可以说家家户户门前就是大马路，一点儿也不用担心出行问题了。

为实现村民的安居梦，佘书记帮助村民申请专项扶贫资金进行旧房改造、引水源、拉电线、搞通信。近2年来，龙源村新建水窖37个，自来水安装入户，广电网络宽带覆盖面100%，房屋风貌改造423户，安装路灯1103盏，配备垃圾桶1440个……

龙源村的特殊情况使得大部分劳动力都纷纷外出务工，许多家中只剩下老人和孩子，年轻力壮的劳动力所剩无几。龙源村的产业基础差，特色产业不突出，据上级部门有关工作部署，结合龙源村实际情况，佘书记和相关工作人员组织开展了有针对性的产业扶贫及基础设施建设工作。一是发展种养殖业。目前，龙源村发展有机高粱种植2500亩，涉及农户467户（其中贫困户156户）；完成2020年度贫困户养殖综合直补验收141户，补贴金额70.391万元。同时，巩固和管理好原有稻田养鱼、砂糖橘等项目，完成莱菲皮具厂审批建设并投产；完成仁怀市红运达种植专业合作社配套设施砂糖橘机耕道和便道设施建设8.5千米，生态林下养鸡、砂糖橘基地果子仓储建设项目申报；带领村支两委全体干部及群众代表外出观摩学习有机高粱基地建设、生态林下养殖产业和猕猴桃种植项目3次；组织村民代表、致富带头人等召开产业谋划座谈会4次；联系"千企帮千村"挂帮单位仁怀市酒投公司到龙源调研考察项目建设2次，初步达成龙源矿泉水厂建设及蔬菜种植等项目建设意向，联系贵州省仁怀市泰辉绿化有限公司到龙源调研考察项目1次，初步达成桂圆种植意向。二是基础设施补短板。长田组蓄水池维修和渡口、沙湾组管道维修，受益群众205户1060人；对接仁怀市移动通信公司完成长田移动5G基站建设并投入使用，覆盖五个村民组300余户群众受益。发展特色产业，完善更多的基础设施，吸引了更多当地的年轻人回到家乡，养殖业、砂糖橘产业、稻田养鱼产业等为许多人解决了就业的问题，增加了收入，陪伴了自己的父母和孩子，过上了安居乐业的生活。

百年大计，教育为本，教育是人类传承文明和知识，培养年轻一代，创造美好生活的根本途径。佘荣杰书记看着困难家庭的孩子为了学费担忧，就联系茅台农商银行总行，最终确定资助贫困大学生32人，发放圆梦助学金11万元，捐赠龙源小学、沙坝小学校服237套，协调疫情防控物资价值2.56万元，帮助孩子们解决了问题，使得龙源村的孩子们都能够受到良好的教育，能够有机会通过自己的努力过上幸福的生活。

截至2019年12月末，龙源村最后的29户96人全部脱贫。这样的成绩，对于佘荣杰来说，是沉甸甸的，是扶贫党员干部的无数个日夜坚守，是全村群众的不懈努力，更是驻村第一天他对老百姓许下的深深承诺。"作为第一书记，不管遇到多大的困难和风险，我都必须走在前，起到示范带头作用，人民群众才会相信你，你说的话他们才信，你做的事他们才会支持。"佘荣杰说。

从龙源村的脱贫过程来看，想要打赢脱贫攻坚战不是一件简单的事情，不是喊着口号就能成功的事情，也不仅仅是扶贫干部的事情，而是全体人民的共同努力，只有干部和百姓手拉手心连心齐心协力才能一起打赢脱贫攻坚战，才能走向美好的未来。

［感受体会］

在与社会与生活的交流之中得到真正的成长，是自我发展过程中不可缺少的环节。2020年是脱贫攻坚的决胜之年，作为一名新时代的大学生，我们必须要深入基层，参加社会实践，提高实践能力，脚踏实地走好人生的每一步。于是在这个寒假到来之际，我深入了解邻村的情况，了解龙源村的脱贫情况，聆听百姓的声音，自己也得到了很深的感悟！

十多年以来，我们基本上都是"两耳不闻窗外事，一心只读圣贤书"的学生，我们不知道外面的社会是怎么样的，没有切身去体验，此次活动我有幸联系到了龙源村的驻村第一书记，我了解到了龙源村的具体情况，也了解到了现在龙源村的百姓都过着安居乐业的生活，更了解到了驻村干部的艰辛，尤其是驻村第一书记佘荣杰，他们不怕困难，奋斗在脱贫攻坚第一线，为龙源村的脱贫做出了巨大的贡献。

　　这次实践活动，丰富了我们的实践经验，提高了我们的能力，也更加了解社会，这次实践活动意义深远，对我们的帮助享用一生。作为一名21世纪的大学生，社会实践是引导我们走出校门、步入社会并投身社会的良好形式；我们要抓住培养锻炼才干的好机会；提升我们的自身素质，树立服务社会的思想与意识。同时，我们要树立远大的理想，明确自己的目标，担起时代的重任，奋力拼搏，为祖国的发展贡献一份自己的力量！

（行管191　程婵）

麻山开出坚韧之花

消除贫困，是人类自古以来共同的理想。人类社会的发展一直围绕着贫困及其衍生出来的饥饿、疾病、社会冲突等系列难题。即使是在科技发展迅速、商品琳琅满目、社会进步的今天，消除贫困仍然是世界各国特别是广大发展中国家十分重要和艰难的任务，2021年2月25日，在这一天，中国向世界庄严宣告，中国脱贫攻坚战取得了全面胜利，现行标准下9899万农村贫困人口全部脱贫，832个贫困县全部摘帽，12.8万个贫困村全部脱贫，区域性整体贫困得到解决，我们完成了消除绝对贫困的艰巨任务。

中国是世界上最大的发展中国家，也是世界上人口最多的国家。中国在扶贫斗争中的不懈努力创造了扶贫治理的中国榜样，中国成为世界上脱贫人口最多的国家。中国借助互联网、大数据等先进技术层层推进精准扶贫，党员同志们下基层与群众一起奋斗，锻造形成了"上下同心、尽锐出战、精准务实、开拓创新、攻坚克难、不负人民"的脱贫攻坚精神。

时代造就英雄，伟大来自平凡。在脱贫攻坚工作中，数百万扶贫干部倾力奉献、苦干实干，同贫困群众想在一起、过在一起、干在一起，将最美的年华无私奉献给了脱贫事业，涌现出许多感人肺腑的先进事迹。

今天我要讲述的是贵州基层干部邓迎香的故事，她带领村民们一起苦战13年，挖通进村隧道，解决了麻怀村以及邻近田坝、甲哨等村6000多名群众的行路难问题，被誉为"当代女愚公"。

邓迎香同志是一个偏远山区普普通通的农村妇女，更是一名闪烁着党性光辉的共产党员，她为改变家乡贫困落后面貌不等不靠、敢闯敢干、艰苦奋斗，带领村民发扬"愚公精神"，锲而不舍、战天斗地，在悬崖峭壁上硬生生凿出一条"麻怀出路"。

麻怀村处于罗甸县大山深处，属于喀斯特地区，山高坡陡，居住分散，水资源缺乏，村里人有的培育食用菌，有的养殖黑猪。村寨里面的人被阻隔于大山之间，孩子上学要翻山越岭一个半小时到4千米以外的村小学上课，物资拉不进去村里，农产品也运不出来，果子熟了也只能烂在岩缝里，村民进出需要翻山越岭近两小时才能到乡镇集市，生活环境非常艰苦。但是如今的麻怀村发展种植养殖、旅游业，各种产业发展欣欣向荣。目前全村98%的农户修建有水池水窖，基本解决了群众生活用水问题，89%的农户用上了沼气池，家家户户看上了电视，用上了手机或固定电话。特别是最近几年，全村加大对劳务输出的力度，全村每年外出务工人数均达200余人左右，形成"出去抓票子，回家修房子，发展出点子，村貌变样子"的格局。实现务工创利137.6元，人均收入达到2278元，初步改变了全村贫困的面貌。在邓迎香的带领下，麻怀村面貌已今非昔比。农民人均纯收入从2009年的1500元，提升到2015年的8120元，不少村民开上了轿车，80%以上的村民住上了新房，村里有了文化活动场所，精神面貌焕然一新。这一切都要从一条隧道说起，它就是麻怀村的"幸福隧道"——麻怀隧道。

由于交通不便，电线杆等物资运不进来，麻怀村迟迟未能通电，电网建设搁浅。1999年村里开会决定顺着溶洞挖一条隧道运电线杆等物资通电，作为普通村民的邓迎香积极响应，拿着铁锤等工具和村民们一起开始漫长而又艰辛的凿洞。

在群山环绕中凿一条隧道并不容易，并且他们没有任何先进的工具，只有用最原始的方法点着蜡烛在低矮狭窄的溶洞中一锤一锤地砍山凿石，进度非常缓慢，任务也非常艰巨，在这么艰苦的条件下很多村民的手上都磨出了血泡，也有人想要放弃，但是邓迎香同志一直鼓励村民们，她说："宁可慢慢做也不要停下来，只要我们不放弃，总有凿通的时候。"村民们坚持了下来，在2001年农历正月，经过了两年多的努力隧道基本打通，电线杆可以顺利地抬进村子里面了，麻怀村终于通电，村里第一次亮起电灯，村民们终于在漆黑的夜里拥有了光明。

在此次挖隧道的任务中，邓迎香同志组织带领群众表现优秀，且任劳任怨，村干部和群众对她的评价很好，邓迎香树立了良好的口碑，2009年6月，经过村党支部的培养邓迎香加入了中国共产党。虽然出村的隧道已经打通，但是只能过人不能过车，对村寨的发展帮助不大。

2010年国庆假期，邓迎香外出务工的女儿回家办婚事，婚车开到洞口。赶上雨天，隧洞里一摊泥水，淹没小腿。穿着婚纱的李琼只能换上塑料拖鞋，挽着新郎在低矮的隧洞里踉跄前行，洁白的婚纱沾满了泥土。送女儿出了洞口，看着一身狼狈的女儿女婿，已经成为村干部的邓迎香决心带领村民把隧洞拓宽拓高，"像真正的隧道一样，能过汽车。"回到家，邓迎香把自己的想法告诉丈夫，丈夫急了："你以为这事儿好干啊？要干你自己干。"组织村民开会商量，结果大家七嘴八舌吵了半天，找各种理由推脱，最终不欢而散。眼见无人支持，邓迎香决定自己先带头。2010年12月，她独自一人走进洞内，抡开了铁锤，风风火火地干了起来。她的行动感动了全体村民，全村人再次走进拓宽隧洞的工地。资金不足，邓迎香就四处"化缘"，最终筹集了3万元资金。有村民说3万元太少，邓迎香斩钉截铁地说："有3万要干，没3万也要干！"

邓迎香努力地带领村民锲而不舍、夜以继日地挖凿隧道，终于在2011年的夏天，一条长达216米，5~8米高，3.5~5米宽，可通行5吨小型货车的出山隧道"麻怀隧道"建成了。2300多支蜡烛，100多千克煤油，打了2000多个炮眼，挖掘砂石1.5万立方米，投工5800多个……这是麻怀隧道动工以来，村民们统计的数字。这条隧道的打通结束了当地货物运输人背马驮的历史，打开了这座麻山深处的小山村通往外界的大门。汽车第一次开进了麻怀村。

尽管隧道打通，但是村民的生活水平仍然很低，村里基础设施建设薄弱，作为人民选出来的村干部，邓迎香决定带领大家脱贫致富，她四处考察寻找适合麻怀村发展的项目，引来客商合作试种铁皮石斛，还制定了养殖肉牛、绿壳蛋鸡，种植中药材、果树的产业发展规划。鼓励村民拿出积蓄办起种植专业合作社，积极号召村民将土地流转给合作社，村民的发展积极性被调动起来。邓迎香还鼓励有劳动力的村民外出务工，又动员有资金、有能力的外出务工青年回乡创业，除了村里的发展，她还成立草根助学基金会协调社会力量对村里的贫困生进行资助。

关于未来的发展，邓迎香有着清晰的规划，到2018年，麻怀村将发展刺梨1300亩，种植蔬菜300亩，养殖黑毛猪1500头、家禽2万羽，全村一起步入小康。"共产党员邓迎香，巾帼英雄响当当。发动全村齐动手，一锄一镐挖山忙。昔日愚公是传说，今日愚公在身旁……"村民们用快板词，传唱着邓迎香的事迹。

以邓迎香为代表的麻怀人，在长期砍山凿洞、战天斗地的实践中，孕育了一种永不言弃的"麻怀精神"。在艰苦卓绝的凿洞历程和积极主动的求变之路背后，凝聚着集体的智慧和群众的力量。

在打好脱贫攻坚这场硬仗的过程中，大山不可怕，贫困不可怕，人心齐、泰山移，只要认准目标，踏实苦干，就一定能移穷山、挖穷根。

[感受体会]

在本次麻怀村扶贫工作调研过程中，我被麻怀人永不言弃、坚持不懈的"麻怀精神"深深震撼，扶贫工作并不是一朝一夕的事，也不是个人所能完成的，扶贫工作的圆满完成需要的是中国共产党和人民群众齐心协力、艰苦奋斗，要有愚公移山般的精神，不怕苦不怕累坚守在扶贫的第一线。扶贫工作需要党员同志们尽心竭力，扶贫开发工作进行以来，无数党员同志奋斗在一线，他们深入人民群众调研，摸清扶贫对象，因地制宜、因时制宜地为每个贫困地区找到适合的产业发展，我们要学习他们"但愿苍生俱饱暖，不辞辛苦出入林"的胸襟。扶贫工作也不能只靠党员同志，人民群众也要投入其中。麻怀村民在修建隧道时不等不靠、自力更生，村民们自发开凿隧道，形成人人愿为、人人可为、人人能为的脱贫攻坚环境氛围。作为当代大学生我们也应该立下攻坚之志，学习麻怀村民坚持不懈的精神，不断坚定理想信念，深入思考、铭记于心。汲取脱贫之智，学习脱贫攻坚的战略思想，以此武装头脑、指导实践、推动工作。

（行管192　何磊）

蓼皋脱贫攻坚的女英雄

一、真心实意为百姓，迎难而上蒲蔚萍

文山社区是住建部批复的第一批国家级传统村落，虽然村子不大，但环境优美，民风淳朴。蒲蔚萍自3月下派驻村开始便喜欢上了这里。她天性乐观，又平易近人，脸上总笑呵呵的，见人就停下来打个招呼，嘘寒问暖，很快，文山的乡亲们便记住了这个爱笑的干部，亲切地称呼她为蒲大姐。

文山社区指挥部只有4个下派干部，每个人都是一名包组干部。年轻的指挥长怀孕之后，蒲大姐主动担起了群众工作，把整个社区的环境卫生揽了下来。可是凭一己之力，要改变整个社区落后的生活习惯、脏乱的环境卫生，难度之大，令一向乐呵呵的蒲大姐也发起了愁。然而脱贫攻坚正处攻坚拔寨、滚石上坡的关键之际，容不得后退半步，容不得一刻耽误。蒲大姐围绕社区坊隅巷陌逛了三天，又在里弄胡同里琢磨了三天，忽然灵机一动，何不发动自己新结识的这一群好姐妹帮帮忙？很快，由蒲大姐任组长，31名妇女组成的脱贫攻坚巾帼先锋队顺利成立，她们走家串户，或亲自动手，或协助整理，一夜之间，文山社区人居环境卫生革命之花豁然盛开。平日里，不难看到三两结队的妇女拿着扫帚，舞着洋铲，抱着小孩，拖着孙子，室内室外，鸡鸭粪、污水沟，俯下身子弯下腰，以身作则，在社区掀起了环境整治大风潮。掏出真心干，一日一个变，她们的带动示范令整个社区的工作事半功倍。为了充分发挥巾帼先锋队的优势，蒲大姐带着她的姐妹们分工合作，坚持每家每户都要过一遍。令蒲大姐没有想到的是，她们这一行动，不仅拉近了与群众的距离，也得到了群众由衷的认可，整个社区脱贫攻坚群众满意度一下子

得到了巨大的提升。众人拾柴火焰高,功夫不负有心人。在各位姐妹们的共同努力下,文山社区在脱贫攻坚第二次市级交叉检查中获得了检查组一致好评,并把文山社区作为示范点向全市推广。

为了加大巾帼先锋队的影响力,蒲大姐建了一个微信群,不断引导更多的妇女同胞加入进来。很多长期在县城务工的妇女为了支持她们的工作甚至特意请假回来帮忙,还有很多外出务工的人也通过身边亲朋好友加入微信群,只为和蒲大姐说一声"感谢!"感谢她把文山变得更美更好,感谢她为家里老人提供了更舒服的生活环境。

"一开始没有想到这么多,只是一心想把村里的环境卫生抓起来,这块工作既然是我主动承担的,我就必须得迎难而上。现在我们的巾帼先锋队已经发展到了80多人,文山的整个面貌也焕然一新,仅凭我一己之力哪能做得这么好呀!主要是依靠大家的力量。很多没见过面的乡亲们通过微信群来感谢我,其实是我要感谢她们呢!是因为乡亲们对我工作的支持和认可,才让这份工作变得更有意义,更有价值!"当其他社区来向蒲大姐取经时,她总是这样笑着把文山社区的成绩归功到群众身上,怀着一颗赤诚的感恩之心,坚守着为人民服务的朴素初心。

二、刻不容缓干实事,勤恳为民是戴羽

文山社区的巾帼先锋队异军突起,很快引起了蓼皋街道妇联主席戴羽的注意。在脱贫攻坚战场上如何发挥妇女优势,是戴羽一直在思考的问题,文山的例子正好解了她这一难题。在街道党工委的支持下,戴羽立刻开始筹划,她首先召集起29个社区的妇联主席,开了个交心谈心会,鼓励大家积极投入脱贫攻坚战场,为自己村子的建设出一份力,紧接着,她组织了其他社区妇联正副主席到文山取经,让大家切身感受文山的变化。在戴羽的动员和引导下,蓼皋街道各个社区纷纷成立了脱贫攻坚巾帼先锋队。戴羽的丈夫在其他乡镇也正在为脱贫攻坚而奋战,没有时间顾及家里的事情,老母亲74岁,大宝六年级,二宝刚满周岁,正是家庭最需要她的时候,同时她自己也是平块社区的副指挥长,可尽管身兼数职、忙得脱不开身,依然浇不灭她干事创业、

勇于作为的担当精神。

正是因为身上的担子重、责任多,戴羽做事更追求效率。"我自己是急性子,说干就干,不喜欢犹豫纠结,因为没有时间去犹豫去纠结,再不抓紧时间去做就来不及了。"她总是这样形容自己,其实在我看来,她的"急性子"尤其可爱。脱贫攻坚需要的就是这样刻不容缓的"急性子"!

要统筹规划29个社区巾帼先锋队的成立和发展,要转变社区环境卫生由突击打扫到常态化管理的模式,戴羽几乎跑遍了蓼皋街道每一个社区的每一个小组。巾帼先锋队成立之初,很多社区都面临着各种各样的困难,找不到人加入、没有活动室、缺劳动器具……每当遇到困难,人们第一个想到的就是戴羽。

"戴主席肯定会想办法解决的,她不仅是咱们的领导,更是我们的朋友和家人,有困难不找她找谁?"社区的妇联主席都喜欢这样说,她们信任戴羽,支持戴羽,把她当成知心姐妹,每当戴羽要组织什么活动时,那种一呼百应的氛围总让人特别有感触。她的好人缘,自然得益于她的待人真诚、处事认真,让人忍不住依赖和信任。

自从开始打造脱贫攻坚巾帼先锋队,戴羽经常忙得脚不着家,同时还要兼顾平块社区脱贫攻坚的工作,可谈起工作,她依然笑意盈盈,"忙是肯定的,累也是有的,可我一直相信咱们妇女的力量是不可小觑的,既然有机会让广大妇女参与到脱贫攻坚过程中来,我作为妇联主席首当其冲义不容辞,就是有时候觉得对不起家里的大宝二宝……"说到这里的时候,我明显地感觉到戴主席的哽咽,但很快她又展眉一笑,"我是以这份工作为荣的,我的家人们也都支持理解我,所以再苦再累也觉得高兴,忙碌也是幸福的!"

三、赤子心系群众事,不惧艰苦唐文菊

在戴羽的带动下,长冲社区的妇联主席唐文菊走出大门,第一次到文山社区观摩学习。文山社区干净整洁的环境卫生,令她心头一震。原来,农村家庭也可以做到如此整洁舒坦。回家的路上,唐文菊沉思了很久。长冲社区的环境卫生一直落后于其他社区,在每一次的交叉检查中都被诟病,长冲比

任何社区都急需改变。作为社区妇联主席，每次看着攻坚队员们忙里忙外，而自己不懂业务，帮不上忙，她心里一直是自责的。

唐文菊从文山回到社区的当天晚上，就找来社区两个副主席，三个人连夜挨家挨户去敲门，诚挚地向广大妇女姐妹发出参加院坝会的邀请。"为什么人家可以做得那么好，我们就不行呢？我们只要努力，也一定可以做得很好。"在群众院坝会上，唐文菊反复发出疑问，令广大妇女群众集体沉默。之后的几天时间内，唐文菊和两个副主席，一人负责一个小组，带领着一群朴实的妇女同胞们，同甘共苦，同心协力，攻坚克难。甚至有几位在县城居住的老乡们还特意回家帮忙。一群妇女同胞们整日欢声笑语，共同劳动，没有攀比，没有计较，只为了同一个目标，那就是改变长冲，让长冲更好。

仅仅七天，长冲社区的环境卫生发生了翻天覆地的变化，连一向最脏最乱的农户家里也达到了可以开门参观的地步，整个社区焕然一新。

眼见着长冲的巾帼先锋队干得轰轰烈烈，其他社区特意前来参观学习。在长冲进村口，身穿苗服的村民们分站两排，唱着苗歌，端着美酒，热情地迎来送往，他们脸上洋溢着幸福喜悦的笑容，整个社区呈现出一片欣欣向荣之势。

"我一直想做点什么，但是不知道可以从哪里下手，现在终于有一个平台，有一个机会，可以让我出点力，我当然要好好干。我们很多老乡们都是这样想的。"唐文菊的话正如她的人，真实朴素。在她身上，我看到的是一个普通群众一颗为家为民朴素的真心。

这一切一切的改变，谁又能知道其中的艰辛呢？岂止她们，在蓼皋街道，像她们一样默默付出的妇女同胞们太多了，她们真正顶起了脱贫攻坚的"半边天"，唱响了现代妇女巾帼不让须眉的赞歌！

[**感受体会**]

通过这次的寒假实践活动，我了解到原来我的家乡也有这么一批人为了脱贫攻坚默默付出着，我们都知道打赢脱贫攻坚战，是党和政府向人民做出的庄严承诺，而蓼皋的女英雄们以身作则，将这承诺化为现实。

"出水才见两脚泥"，是蓼皋的扶贫女英雄们的写照，当任务落在自己身上的时候她们没有选择逃避，而是想着怎么去解决困境，吃得了苦，受得了累，俯下身子弯下腰，以身作则，坚守为人民服务的朴素之心，使得社区一日一变，成为示范点。

善于学习反思，不甘落后，是蓼皋女英雄们的赤诚，蓼皋街道的妇联主席戴羽，长冲社区的妇联主席唐文菊，在了解了示范点文山社区后，立即行动了起来，开展交心谈心会、院坝会……其中长冲社区的妇联主席唐文菊的一句"为什么别人可以做好而我们长冲不行？"让我深感一位扶贫干部对群众的关切之心、对打赢攻坚战的迫切之心。

体群众之心，想群众所想，脚踏实地为群众干实事、干好事，群众才能感受到扶贫干部的真心，才能与干部携手打赢脱贫攻坚战，创建美好新生活。

（行管192 蒋艳）

脱贫攻坚，从基层出发，从小事做起

实现全面小康是党两个一百年奋斗目标之一，同时"精准扶贫"也是我国全面实现小康的一大国策。2020年是决胜全面建成小康社会的一年，也是脱贫攻坚之年。为了实现脱贫攻坚的任务目标，全体金沙儿女齐心协力，共渡难关，遵循习总书记"在奔小康的路上不落下一个人"的要求，一同建设美丽富饶金沙。在建设美丽金沙的过程中也发生了许多感人的故事。

在毕节市金沙县有这样的一个人，不管骄阳似火还是雨雪漫天，不论星光闪烁又或是烈日当空，她都坚守在扶贫的基层，常年奔走，四处奔波。好不容易做出了一番成绩，她本来可以选择更好的工作环境，却还是主动请缨驻守基层，只为了带领当地百姓们过上更幸福的生活，她就是孟梅。

孟梅，金沙县纪委监委派驻村地第一纪检检查组干部。2019年8月，在这个平常的夏天，孟梅主动请缨踏上新时代的"长征路"，来到民兴街道光明社区担任驻村第一书记，负责帮助光明社区的居民实现脱贫目标。扶贫不是一件小事，更不是一件可以随意让人敷衍搪塞的事。在脱贫攻坚工作中，绝对来不得丝毫的虚伪，更来不得丝毫的敷衍，每一个干部都要脚踏实地，因地制宜，因人施策，打好精准脱贫攻坚战。作为一名扶贫干部，一年多的时间中，孟梅稳扎稳打，一步一个脚印，全身心地投入脱贫战争中，力求精准扶贫能够取得实效，达到预期的目标。在民兴街道党工委的领导和指导下，孟梅依靠社区党组织、带领社区"两委"成员开展工作，帮助光明社区加强基层组织建设、推动脱贫攻坚、为民办事服务，进一步提升了社区综合治理水平。

帮助百姓脱贫迫在眉睫刻不容缓。来到光明社区的第一天，孟梅就开始走访社区群众,很快掌握了第一手详尽资料,了解了光明社区存在的主要问题和潜在隐患。这些问题可以概括成两点:一是居民收入来源以就近做临时工为主,收入不高,工作辛苦,同时收入来源也不稳定;二就是社区环境卫生脏乱差。

"什么困难都有解决的办法,再大的困难都难不倒纪检监察干部。"在困难面前,孟梅没有气馁,而是拿出纪检监察干部遇强更强的工作态度,下定决心要啃下光明社区的一个个硬骨头。扶贫并不是简单地给贫困家庭钱就算了,扶贫扶志,扶贫工作最重要的是改变贫穷懒惰不主动、不思进取、三天打鱼两天晒网的落后思想,调动人们的生产生活积极性。结合光明社区居住的大多是搬迁群众的实际,孟梅认为当前最重要的是要解决居民就业问题。于是孟梅从解决群众就业入手打开扶贫突破口。

雷厉风行的孟梅先组织干部登记群众务工意向,然后主动向县就业局了解招工信息,再找附近用工单位负责人了解企业用工需求。很快,对接的企业就有了回应,在县就业局的协助下,光明社区组织开展了一次现场招聘会,招聘会上共有38家企业提供岗位600余个,共有130人达成就业意向协议,30多人找到了工作。群众的就业问题就这样解决了。

孟梅在走访的过程中了解到光明社区中最困难的一户居民是王姐家。社区群众王姐的丈夫因腿摔伤致残失去了工作能力,而王姐因为要照顾丈夫、孩子和家中老人,一直无法到外地务工,但本地又不好就业,所以家庭十分困难,甚至因为没有买菜钱导致一盘菜要吃好几天的情况,哪怕馊臭了也不舍得倒掉。在了解王姐的情况后,孟梅一直为王姐留意工作职位。在孟梅的帮助和协调下,王姐成功成为西洛至新化公路管理段养护员,每月工资收入2000多元。"家里有了一笔稳定收入,还可以就近照顾卧病在床的丈夫。"王姐的感激之情溢于言表,2019年底,王姐家终于顺利脱贫。

群众就业问题解决之后,孟梅又及时调整在"长征路"上的工作目标,开始着手解决社区存在的环境脏乱差问题。

光明社区道路上到处都是生活垃圾,楼道里也都是居民们乱堆乱放的工具物品,其他小区居民提到光明社区都是嫌弃的话语,"脏乱差"一度成为光明社区的一个代名词。"要让社区群众感受到家的感觉,就要保持社区环境卫生干净整洁。"为了建设整洁优美的小区,提高群众生活质量,孟梅向团县委协调了 10000 元的环境整治资金。环境整治资金到账以后，孟梅不但购置增设了垃圾箱，还雇人清理污水横流的几个化粪池，并且带领社区干部和志愿者走家串户宣传环卫知识，帮助居民打扫卫生，发动他们参与环境卫生专项整治。在大家齐心协力共同努力下，社区终于路灯亮了，道路畅通了，臭水横流不见了……就这样，光明社区的脏乱差问题解决了，小区环境变美了。

即使取得了这样喜人的成绩，孟梅却并不感到满足。面对光明社区现状，孟梅又提出了下一步目标。"下一步，我们将坚持抓好帮助群众就业创业和开展环境卫生整治两项工作，一手抓劳动力技能培训，帮助居民在工程施工、住房装修、物业管理和特色餐饮等方面就业创业，拓宽增收致富渠道；一手抓整洁优美小区建设，帮助群众改变陈规陋习，让文明之风助力提升群众幸福指数。"对于接下来的驻村工作，孟梅干劲满满，对社区未来的发展也充满了信心。

[感受体会]

现在是飞速发展的社会，产品更新迭代，科技日新月异，过快的发展速度让部分群众在脱贫攻坚的道路上逐渐掉队。这样的掉队在城市表现得还不是很明显，但是乡村却深受其害。乡村的经济不发达，为了更好的生活质量，大量的青壮年从乡村涌向城市，只留下老年人和孩子在农村家中。这些孩子们和老年人在脱贫攻坚道路上掉了队，没有接受良好教育的他们不知道怎么样才能建设家乡，更不知道怎么样才能在脱贫攻坚战争中取得一个好结果。他们都是中国的一分子，全面脱贫不应该以牺牲他们的利益为前提，他们也应该享受国家发展带来的红利。因此，基层扶贫干部的重要性就凸显出来了。只有打好地基才能建造出好房子，同样的，只有确保基层真正实现脱贫那么我们的脱贫才是真正意义上的脱贫。无论在什么时候，我们都需要像孟梅女士这样的同志，不畏艰苦、不贪图富贵、扎根基层，一心一意想着为百姓谋福利，为乡村谋发展。全面奔小康的道路上不允许任何一个人掉队，千千万万的基层干部们，感谢你们无私的付出，感谢你们没有抛下任何一个人。

（行政管理 192　夏依容）

"藏"在深山里的人

——刘红英

"她是藏在山里的人，也是藏在大家心里的人"，这是扶贫干部刘红英所在扶贫村庄的村民告诉我的第一句话，也是让我最难忘的一句话。

2020年，刘红英被分配到贵州省铜仁市思南县参与扶贫项目，刘红英出发前是充满期待与自豪的。但是，她来到村里后却发现事情没有她想象的那么简单。扶贫的道路充满了未知与迷茫，但是刘红英最终还是找到了扶贫方向和动力。思南县当地政府公布的扶贫村庄相关情况显示，她去的村庄存在很大的安全问题，村里几乎都是有几个窟窿的瓦房，具有很大的安全隐患，村民的文化水平也不是特别高，难以交流和相处，但是最终她没有辜负党的信任，为村庄找到了新的致富之路。

让刘红英印象最深的就是刚来村里的时候挨家挨户调查情况的困境。早上，村里人都忙着种庄稼，没人有空搭理自己，刘红英决定去庄稼里帮助大家，让大家信任她。但是，很显然她想得太简单了，种庄稼对于她这种外行人来说只能是添乱，还没开始就已经被轰出了农田。这个开场对于刘红英来说打击是巨大的。早上没空中午总有空吧，刘红英怀着这样的心理在等待大家的归来，但是让人奇怪的是没有人回来，原来大家都是在田间休息一下，吃了带着的食物继续干活。到了晚上大家筋疲力尽地回到家里，还没等刘红英开始问，就已经准备睡觉了。刘红英的第一天是彻底失败的，这对她来说是一种莫大的打击。但是她并没有气馁，之后她在村里的家中自己弄了一个小的农田，学习怎么做农活，中午给大家做饭，晚上就回家继续学习和总结经验。日复一日，大家终于开始接受她、信任她，虽然对于刘红英来说进度有些慢，但是也总算有了一个好的开头。取得大家的信任，刘红英也就完成了第一步也是最重要的一步。"让大家信任自己才能做好每一件事，了解每一个人。"刘红英是这么跟村干部说的。

当然，刘红英也有着对于村庄发展的思虑。刘红英在村里站稳脚跟后，就开始思考为什么大家会贫穷，因为懒吗？不是的。因为经过这段时间的相处，刘红英发现村子里的人都十分勤劳。那到底是因为什么呢？经过一段时间的思索，刘红英发现了端倪。原来是因为大家没有好的想法和稳定的收入。刘红英独自走在黄昏下，思考着村里的发展。看着远方高高的麦田，刘红英想到了做酒，但是酒厂不是一朝一夕能够完成的。在否定了这一想法之后，刘红英很长一段时间都独自在田间徘徊。在机缘巧合下，她突然注意到了村庄周围的桃子。由于村里人在很早以前就已经吃腻了桃子，现在大多数桃子都掉在地上没人要，所以刘红英之前没有想到桃子上去。村里的桃子不仅甜美多汁，而且可以大规模地进行种植和销售，能够给村里带来一大笔收入。村里有着桃子这么好的天然资源，刘红英很是愤恨自己为什么没有早点想到这一点，但愤恨中夹杂着更多的是高兴。说干就干，刘红英很快就开始张罗这件事，但是得到的反响却不尽如人意。大多数人都对这条路充满了怀疑，不敢参与，这是刘红英没想到的。村里的人说没人愿意收购没有名气的桃子，刘红英无力反驳，她没有过多地解释，她知道只能用行动和成果告诉大家没什么是不可能的。她先在街上试卖，刚开始只有寥寥无几的人来光顾，随着客户的一传十、十传百，顾客越来越多。刘红英觉得反响很好了，所以她信心满满地去寻找经销商，但是正如村民所说没人愿意接收一批不知名的桃子。尽管路途艰难，刘红英并没有放弃，她在城里到处奔波，找寻着买家。每天一大早她就到一些公司门口等着每个公司的经理，毫无意外地全吃了闭门羹，到了最后一家，刘红英拖着虚弱的身体站在公司门口等着经理来上班，与其说是站着倒不如说是靠着墙强撑着她那虚弱的身体。或许是上天的眷顾，刘红英最终见到了这家公司的经理，也是她见到的唯一的经理。刘红英在保安的指引下来到了办公室，一进到办公室刘红英就跪在了地上，流下感动的泪水，诉说着村里感人的事迹以及自己的经历，刘红英的善良打动了仁慈的经理，经理接受了，愿意先暂定一批货，看看反响怎么样。刘红英也知道这已经是最好的结果了，果断答应了下来。刘红英迫不及待地带上公司的人回到村里收取了一批货，又马不停蹄地赶往城里急着销售这一批货，为了检测新桃子的效果，该公司特意将村里的桃子和别人的桃子放在一起卖。不出所料，刚开始的时候，没有人愿意买不熟悉的桃子，但是世间并不缺少第一个人，有了第一个人买就会有蜂拥而至的人来购买。最终结果当然是村里的桃子不仅大而且更好吃。刘红英在这一刻才让自己紧绷的心情得到了些许的放松，村里的人也欣然接受了这一方案。该公司立马和村里签下了一份长远的合同并付了一大笔定金，这对于村子无疑是一笔巨款，村民都想着怎么分这笔钱，但是刘红英跟大家想的完全不一样，她觉得这样远远不够，光靠卖桃子还不够。日子一天天地过去，钱迟迟不分，加上刘红英最近在桃林里大修特修，大家就开始议论是刘红英不想跟大家分红，准备在林里修一座豪华的房子。慢慢地，这样的声音越来越大，但是刘红英并没有去辩解，因为她相信用不了多久大家都会明白她的用意。原来她和村干部商量后决定开发村里的旅游产业，并亲自到城里联系宣传、拉客源。终于在工程竣工之后，村干部向大家公布了这件事，之前议论纷纷的人都低下了头，无颜面对刘红英。刘红英却反过来向大家道歉，这更让大家对她彻底地信服。很快，村里迎来了第一批客人。那天村里第一次来那么多人，但是却运行得有条不紊，这全归功于刘红英的分工做得好，每个人都对刘红英的话深信不疑，坚守岗位。村子也第一次收获了属于自己的第一桶金。

  刘红英还说:"扶贫不是一朝一夕的事，需要有长远的目光和坚定的意志以及大家的信任。"的确，信任是人与人之间沟通的桥梁，也是能够有效执行政策的必备条件。刘红英说，我不过是做了这么一点事而已，还有很多比我艰难的扶贫干部仍坚守在自己的岗位上。这是干部的决心也是党全力脱贫攻坚的决心。我们虽然取得了重大突破，但是仍然还有很长的路要走，我们的政策仍然需要完善和进步，这是我们每个人都需要努力的，不仅是靠个人、干部或者国家去完成，更需要全社会的推动。

  最后，村里的人是这么跟我说的:"刘干部是被藏在山里的人，虽然在山里，但是她的才华却没有被埋没，只是雪藏了她在这深山里。"这恰恰反映了那么一句话，"只有被埋没的人，没有被埋没的才华"。

[感受体会]

　　社会在不断地进步，越来越多的扶贫事迹被大家所熟知。但仍有许多人在背后无私奉献，扶贫是一件艰难而又伟大的事，是他们心中的荣光，虽然他们的名字可能不会被所有人知道，但是他们做的每一件事都应当被铭记。虽然在某种意义上扶贫者被埋没了，但是他们又没有被埋没，因为他们的才华正在祖国的建设中发光发热，正如尼采所说，"是金子总会发光的"。无论金子在哪儿都会发光，他们只是把这份光亮带到了一个更需要他们的地方，这就是他们的价值，也是他们的追求。

（行管192　杨永胜）

坚守之责，振兴之任

——记扶贫干部向振兴

漫漫扶贫路，悠悠帮扶情。在这条路上，有汗水、有泪水，在这份情里，有感动、有感悟。因为坚守，我们见证了路上太多的风景；因为责任，我们感受到了路上太多的酸甜苦辣。

2015年，刚大学毕业的向振兴，恰逢事业单位考试，经过努力，考上了家乡的扶贫工作站。意气风发的她，怀着对未来的美好憧憬，踏上了工作岗位。

2015年11月，《中共中央国务院关于打赢脱贫攻坚战的意见》出台，提出到2020年，确保我国现行标准下农村贫困人口实现脱贫，贫困县全部摘帽，吹响了打赢脱贫攻坚战的号角。脱贫攻坚这场特殊的战役，在全国各地轰轰烈烈地打响了。

上班的第一天，办公室里繁忙的景象令向振兴记忆犹新：工作人员忙碌的身影，办公桌上堆积如山的档案材料，墙面上偌大的一幅扶贫作战图……分管领导匆忙而简要地交代了一番，在向振兴还没回过神的时候，又郑重说道："扶贫工作是一项光荣而艰巨的政治任务，你要尽快适应工作岗位！"那是她第一次接触扶贫，初步了解了精准扶贫、贫困户、帮扶干部的概念，同时也隐隐感到身上的责任重大。

随着脱贫攻坚的深入开展，我们看到了经夜不息整理档案材料的身影，看到了起早贪黑走村入户的匆忙步伐，看到了跋山涉水不幸牺牲的扶贫勇士。同时，也看到了因家人的不理解而黯然疲惫的身影，看到了因群众不满意而憔悴蹒跚的步伐，看到了因工作压力大而另谋出路的瘦弱身躯。有人跟向振兴抱怨："天天为贫困户操碎了心，我们到底图个啥？"是啊，到底图个啥？她那份初来乍到怀揣着的激情，渐渐被工作、生活磨灭，是坚持？还是放弃？

谈起帮扶的故事，向振兴感慨万千。她的帮扶对象阿兰是"80后"，地地道道的农村妇女。丈夫常年在外务工，逢年过节才回家；家中有一位患有精神疾病的婆婆，还有两个小孩在镇上读书。她平时一边打理田间地头，一边照顾生病的婆婆，早晚还要亲自接送小孩。有一次，向振兴入户走访，阿兰向她倾诉道："有时候，我很迷茫，我还年轻，却天天在家照顾老人小孩，没有一分钱收入，整天还为柴米油盐操心，把自己熬成一个黄脸婆。看看那些外出打工的女人，回来时一个个光鲜靓丽，而我……哎！怎么办？有什么出路？"

作为帮扶干部，阿兰的忧虑也成了向振兴的牵挂。后来得知有扶贫公益岗，向振兴便找到村里扶贫工作队员，和同志们说了阿兰的事情。在扶贫队的帮助和鼓励下，阿兰成功应聘扶贫公益岗，还在利川红产业园做零工，家庭收入逐年增长，顺利实现脱贫。她因此重拾了对生活的信心，笑容也渐渐回到脸上。经过这次倾心帮扶后，向振兴和她亲近了许多，她也乐于跟向振兴分享生活中的一些新鲜事。有一次，她在微信里给向振兴留言："我们村里现在安装了一盏盏明亮的路灯，环境也越来越好了，晚上空闲了，大家都聚在一起跳广场舞呢。"看着这位平凡的农村妇女的质朴表述，向振兴心里悄然涌起一股暖流。也许，这就是无数脱贫攻坚"战士"坚持的意义吧。

2019年4月29日鹤峰县终于达到贫困县退出的标准和条件，被批准退出贫困县。回顾6年来的脱贫征程，向振兴流泪过、感动过。但她深知这些泪水是真情付出的泪水，是脱贫攻坚战场坚守洒下的泪水，更是践行脱贫攻击使命担当留下的幸福泪水！

2021年7月1日，习近平总书记在庆祝中国共产党成立100周年大会上庄严宣告，经过全党全国各族人民的持续奋斗，我们实现了第一个百年奋斗目标，在中华大地上全面建成了小康社会，历史性地解决了绝对贫困问题，正在意气风发向着全面建成社会主义现代化强国的第二个百年奋斗目标迈进。这一份成绩单，饱含了全体扶贫战士的倾情付出，饱含了人民群众的自强奋斗，正是所有人以这一份战天斗地的勇气，不畏艰辛，众志成城，才成功夺取了脱贫攻坚战的伟大胜利！

"脱贫摘帽不是终点，而是新生活、新奋斗的起点。"前路浩浩荡荡，万事皆可期待。向振兴说她将继续坚守岗位，与人民携手共进，共同担当实现乡村振兴的责任，为家乡的社会经济发展，为实现伟大的中国梦，努力贡献自己的力量！

[**感受体会**]

小康承载初心，小康属于人民。2021年2月25日，习近平总书记在全国脱贫攻坚总结表彰大会上发表重要讲话，庄严宣告，经过全党全国各族人民共同努力，在迎来中国共产党成立一百周年的重要时刻，我国脱贫攻坚战取得了全面胜利，现行标准下9899万农村贫困人口全部脱贫，832个贫困县全部"摘帽"，12.8万个贫困村全部出列，区域性整体贫困得到解决，完成了消除绝对贫困的艰巨任务，创造了又一个彪炳史册的人间奇迹！

千百年来肆虐的绝对贫困，在我们这一代人的手里历史性地得到解决。在这场史无前例的脱贫攻坚大战中，全国各族干部群众谱写了一曲曲荡气回肠的英雄赞歌，涌现出许多感人肺腑的先进事迹。我们要向不幸牺牲的脱贫英烈致敬，永远铭记他们以生命赴使命、愿得此身长报国的忠诚品质；向坚守一线的扶贫干部致敬，永远铭记他们舍小家顾大家、俯首甘为孺子牛的为民情怀；向无私援助的帮扶干部致敬，永远铭记他们把他乡当故乡、不破楼兰终不还的奉献精神；向自立自强的干部群众致敬，永远铭记他们用实干拔穷根、敢教日月换新天的使命担当。作为新时代的中国青年，我要在未来的学习、工作和生活中，发扬脱贫攻坚精神，不断锤炼自身综合素养，立大志、明大德、成大才、担大任，争做乡村振兴路上的奔腾后浪！

（劳保191 熊一虎）

暖阳积蓄在奋斗中

丹寨,位于贵州省东南部,隶属于黔东南苗族侗族自治州,这里是以苗族为主多民族共居的县城。县城文化也被这独特的民族文化所影响,至今仍保留着独特、古朴的风俗习惯,影响着一代又一代人。

随着习近平总书记在湖南湘西考察时首次做出了"实事求是、因地制宜、分类指导、精准扶贫"的重要指示后,精准脱贫攻坚战也即将拉开序幕,而这也让这座拥有着独特民族文化的小县城渐渐地发生了改变,丹寨的脱贫故事至此开始了它的篇章。

2012年初,时任贵州省政府办公厅秘书一处副处长的徐刘蔚接受组织的选派到国家级贫困县丹寨县进行工作,他的首要目标就是将脱贫攻坚的任务贯彻到县城的发展中。对于他来说,脱贫攻坚将成为未来几年的主要工作,而对于刚开始的脱贫任务则会凸显更多困难和不确定的因素。徐刘蔚的工作也和其他扶贫干部一样,走访贫困户成为他的第一项行动任务。从精准识别、精准帮扶到摘帽退出,他对于每一项工作的态度都十分认真,积极学习党中央关于精准扶贫的政策,认真学习总书记在中央、地方的讲话精神,因地制宜结合丹寨的本土文化提出实际的扶贫政策,亲自推动扶贫政策的落实,在扶贫问题上严谨负责,争取每一个扶贫问题都能够得到有效的解决。同时在扶贫一线上,他始终与基层人员共同进退,对每一项工作都亲力亲为,积极开展干部群众研讨会,合理地解决存在的扶贫问题。为了让全县更早地脱贫,他在教育、医疗等问题上亲自监督、亲自上阵,推动各方面的扶贫政策全面落实。现在寨子里多出了很多"独栋小别墅",曾经的枯草瓦棚早已不见,乡间稻田里多出了几道身影,问问周边的村民才知道这是丹寨县的县长和这个村寨的扶贫干部,看着村民们洋溢的笑容才知道是这么一群人在为丹寨县的每一处做出改变。一条条由水泥修成的乡路连接的不仅仅是通往县城的公路,更像是丹寨人民在努力奔向小康的那一条道路。

在丹寨脱贫的道路上除了干部群众的团结一致外,更少不了的是外力的支持。2015年3月10日下午,贵州省政府与万达集团战略合作协议签约仪式在北京举行,双方合作从扶贫开发延伸至全方位的经济合作。对于贵州来说,这是一次强有力的扶贫支援,万达集团计划在贵州投资600亿元,在贵州省建设1个万达文化的旅游项目,辐射整个贵州省。对于徐刘蔚来说这是一次难得的机会,但是在万达集团考察贵州期间却没有将黔东南的丹寨县纳入考察范围中,面对这样的机遇徐刘蔚不可能放弃,最终通过他们自己的努力和一腔热情,获得了万达集团的一致认可,取得了万达集团对丹寨的对口帮扶,也开启了万达社会扶贫的创新模式,对于丹寨来说,教育、产业、就业获得了在扶贫力度上的大力支持,而徐刘蔚等人也没有懈怠,为了能使万达集团扶贫计划更快实施,他始终坚守在工地一线,仍然将工作放在基层中,推动各项工作成功完成,并在一年内确保了万达扶贫项目的成功落实,后在四年内如期完成了万达扶贫计划。可以说丹寨的扶贫计划正是在徐刘蔚的带领下如火如荼地进行着,而丹寨的脱贫故事也正是因为他在扶贫一线的工作而展开。

同样,在丹寨县另一边的南皋乡也有着这样一名扶贫干部正在认真地见证并书写着丹寨的脱贫故事,他是一名驻扎在一线的扶贫干部。在2019年12月,根据全县脱贫攻坚工作安排,组织安排他结对帮扶南皋乡大寨村的建档立卡贫困户。这名扶贫干部的所作所为,让我们真正感受到了中国的乡村振兴也好,精准扶贫也罢,不是一张张冷冰冰的纸,更不是一条条严格的政策,而是帮扶干部和帮扶对象共同携手走出困境留下的坚实脚印,是帮扶对象敢于迎接新生活、新挑战的勇气,是帮扶干部勇于担当、奉献自我的精神。当这名帮扶南皋乡大寨村的帮扶干部第一次来到他的帮扶对象老刘家里时,半掩的木门用一声声死气沉沉的吱呀声"欢迎"着他的到来,家里情况很简单,六口人,两老人都已经年近70岁,两个孩子都是学龄前儿童,而家庭主要收入仅靠养殖林下土鸡,因缺少资金,规模一直无法扩大,只能维持必要的生活开支。看到帮扶对象家里的情况,帮扶干部的心一下子沉了下去,最怕的不是无计可施,而是"有力打在棉花上",帮扶对象家里的劳动力较少,而火烧眉毛的不只是家里需要照顾的老人和嗷嗷待哺的孩子,还有扩大生产所缺的资金以及扩大后的鸡场的管理问题。

为了解结对帮扶户,该扶贫干部利用下村工作及节假日的时间,到田间地头查看农作物种植情况、养殖业发展情况,到帮扶户家中查看环境卫生及生活设施情况,对帮扶户进行全面、细致的摸底。在掌握了第一手资料后,找准了贫困群众的致贫原因并制定了相应的脱贫计划。

通过仔细调查摸底,以及对鸡场规模的合理设想和当地各部门的协调,村干部帮助老刘争取到产业扶持资金5万元,通过成立养殖合作社发展林下养鸡,带动村民加入合作社增加收入,仅2019年就卖出林下土鸡1万多只,毛收入40万元。目前,鸡场共有1.5万余只林下土鸡,下一步将继续扩大养殖规模。一只只土鸡仿佛一颗颗神丹妙药,通过一年来的帮扶,老刘整个人的精神面貌焕然一新,看到他饱满的精气神和灿烂的笑容,看到他的养鸡场一步步做了起来,帮扶干部心里充满了成就感和幸福感。

另一位结对帮扶对象老李家里有3口人,户主和其弟弟均为聋哑人。2020年初,由于受新冠肺炎疫情影响,他们编制的竹篮等竹制品滞销货较多,一堆堆滞留的货物仿佛家里的难题一样越积越多。为了解决货物滞留的问题,帮扶干部通过微信、朋友圈等各种公众平台,帮助其销售竹篮、簸箕等竹制品,在较短时间内销售一空,创收2300元,解决了其后顾之忧。2020年6月,在走访老李即将毕业的侄子时,帮扶干部得知他想去物流公司实习的想法后,立即联系自己在贵阳等地的老同学,帮助其联系合适的物流公司实习。8月,老李的侄子毕业后顺利进入了京东物流贵阳分公司,目前试用期月收入达6000余元。帮扶干部一直觉得:"结对帮扶后,我和他们就是一家人了,帮助他们渡过难关,发展起来,是我做的最值得的事。"该扶贫干部在行动上紧抓扶贫对象的需求,认真做到实事求是的总方针;在思想上,紧跟县各部门领导关于扶贫的政策,将思想内容落实到行动中,为南皋乡的脱贫事业默默奉献着。

看着一位位扶贫干部的先进事迹自然让我们深受感动,但真正的扶贫效果还是得由亲身经历过这一系列改变的农民来评判,于是我们走进丹寨扶贫新居，去听一位扶贫亲历者的故事。

丹寨的早春依然透着阵阵寒意，虽然已经摘掉了贫困县的帽子，但短短几年时间真的能让村民的生活进入一个全新的篇章吗？我的心里不免还是有一丝疑虑。下了车，淅淅沥沥的小雨顺着风叫嚣着钻进我的衣领，身体不自觉地抖了一下，好冷啊！我想起原来看过的图片，那是丹寨还未搬迁之前的房屋照片。木制的房子藏在半山腰里，倒也有种与大自然"相映成趣"的感觉，如果只听到这儿，也许还会有许多未曾踏足过这里的人认为这是一处世外桃源，想来体验几天。但如果你来过这儿、感受过，就会发现他们的日子过得有多么不容易。半坡上的房屋年久失修，再加上当时建造时主体结构本身就有些不稳，有着极大的安全隐患，可能一次大雨就会将房屋彻底毁掉。木制的结构，虫害、潮湿、发霉、漏风，也让这里村民的生活质量大打折扣，他们不是为了亲近自然而忍受着这刺骨的寒风和冰冷的雨水，而是因为有一个困扰了村民可能几代的问题，那就是穷和没有出路。想着这些，不知不觉地迈进了扶贫搬迁小区的大门。走进小区，却是与我刚刚所想截然不同的场景，小区内绿树成荫，超市、菜市场里热闹的人声不时能传出来几句，虽然在下着小雨，但道路上遛弯的老人却不少，最让我惊讶的是在小区的一角还有一家小医院，基本可以满足日常看病需求。紧接着我们见到了本次故事的主人公，他向我们讲述了他的亲自经历。他有着二级残疾，常年潮湿的环境和糖尿病的困扰，使他患上了严重的风湿并且四肢无力，行动不便的他无法独自生活在半山坡上的房子里面，便一个人在公路边搭了一个铁皮房住了五年，五年的时间虽然在他的故事里只是短短的难熬二字，但其中受到的苦痛，可能是我们绞尽脑汁也无法想象到的。看着眼前这位一只手裹着厚厚衣物，但全身挺直，满脸笑容的人，我们看到了一位位不管刮风下雨、严寒酷暑都坚持在第一线想出路、找门道的扶贫工作者们，由衷地想向他们致敬。

雪白的墙面，光洁的瓷砖，屋内的人们欢聚一堂，阳光不知不觉从云缝里扯出了一道口子，暖暖地洒在地上，又映在了人们脸上，似乎还照进了我们每个人的心间。

相比于前两个扶贫故事，这一位的故事则让我们更加了解基础底层群众在扶贫之前的状况和扶贫之后的现状。成功的丹寨经验在整个贵州传播开来，

| 大学生讲述的扶贫故事 |

丹寨的脱贫故事也因为丹寨的成功脱贫落下帷幕，这一件件故事所汇聚的内容就如同一幅画一般被人们映在心中。丹寨的扶贫故事也在此告一段落，但面对更加艰巨的困难时，他们仍会奋勇向前，只要认真贯彻党中央的指导思想，以实际行动为准则，全县上下一心，任何问题最终都会迎刃而解。

[感受体会]

丹寨的扶贫故事给我们最多的感受就是，在困难面前的团结一致和精神、行动的高度统一。领导、干部、群众紧密联系是脱贫攻坚的根本，也是一切行动的开始。在党中央的领导下，数以万计的扶贫干部被安排到扶贫一线，在与扶贫的对抗中始终冲在前面，将人民的利益放在首位。最终，就和我们看到的一样，全国的脱贫任务圆满完成。脱贫的任务已经完成，但是是否会返贫，仍然是我们该意识到的问题。

这一次我们之所以选择丹寨的扶贫故事，是因为这里的前后改变让人发现原来找对门路，重点帮扶，脱贫不返贫也并不是一件特别困难的事。

现在的丹寨有着宽敞明亮的安置房，有自己的乡村产业，村民可以入股参与，获得稳定的收入，还有万达与丹寨合建的丹寨万达小镇吸引着数以千万人的目光。当然脱贫的功绩是写在纸上的，但带给我们最深感受的还是村民切身生活的改善，我们印象最深刻的是一位中年男性，身患糖尿病、风湿等疾病，行动不便。在四五年前，他还因为行动不便无法住在半山腰的老房里，一个人在山脚下搭了一间铁皮房，冬天刺骨的寒，夏天又闷热难当，而且因为还处于中年，虽然因风湿等病行动不便，却并未引起残疾人保障等部门的关注，导致生活过得十分艰难。但在扶贫工作开展之后，他的生活却发生了翻天覆地的变化，住进了扶贫搬迁小区，有了稳定的收入和各种救济金，虽然胳膊依然被厚衣服牢牢裹着，还是会疼，但整个人挺直的腰杆和挂在嘴角的笑容却是藏不住的。

我们这次最大的感受也在于此，只有让村民的脸上都挂上不由自主的笑容，对生活有了期盼，可能才能真正地调动脱贫的内生动力，防止返贫。

（社工 191　汤治黔　孙昊阳　冷稀瑜）

让青春在脱贫攻坚中闪光

在贵州省凯里市旁海镇的水寨村，有这样一个令人敬仰的干部，他把村里事当家里事，村民把他当作家里人，他带领着当地群众走上了脱贫致富之路，他就是凯里市公安局交通警察大队派驻旁海镇水寨村的第一书记——姚长水。

2017年3月，凯里市公安局交通警察大队安排民警姚长水到水寨村任驻村书记。他初到水寨村时，通过走村串户、与村民倾心交谈等方式迅速了解了水寨村的基本情况，水寨村是凯里市旁海镇的重点扶贫村，十分贫困。他发现水寨村大堡组地势平缓，土地肥沃，并且集中连片，具备发展产业的良好基础条件，可以将此作为水寨村发展的突破口。但是由于村里大部分青壮年都外出打工，家中只剩老人妇女小孩，水寨村劳动力严重缺失。于是他想到结合"十户一体"经验模式，动员水寨村大堡组在外务工人员成立了大堡发展协会，并建立大堡组管理委员会，由全村青年共同出资，成立基金，集资发展集体公益事业，设立奖学金、修建产业路，这一方案得到了广大群众和市公安局的支持。群众筹资7万余元，出资购买60吨水泥帮扶修路。产业路修建过程很艰辛，遇到了很多难题，在他和村民们的共同努力下将这些难题一一化解，终于把这条与外界连接的产业路打通。

姚长水希望能在水寨村发展产业，通过对凯里市农贸市场的调查，并帮助组建了水寨村惠寨合作社，这一措施得到了帮扶单位的支持，把水寨村贫困户喂养的猪和种植的绿色蔬菜销往凯里市公安局食堂，同时蔬菜还卖给了凯里市供销社及市扶贫产业开发公司，让水寨村形成了"产供销一条龙"的产业链条，广大村民由此得到了一定的收益。

努力耕耘终有所获，2018年底，在村民们自强不息的奋斗下，在村"两委"干部的不断努力下，水寨村顺利出列，并于2019年底实现贫困人口清零。两年的时间，让水寨村从贫困村到全面脱贫，这其中注入了姚长水数不尽的汗水和心血。他说"我是一名共产党员，我用实际行动践行着为人民服务的铮铮誓言！我是一名警察，我用青春守护着这一片美丽的热土。"① 如今的水寨村坐拥2000余亩花卉苗木；发展林下食用菌200亩；发展林下魔芋种植200亩；发展林下养蜂100箱等一系列产业，让水寨村的乡亲们摆脱贫困，过上了红火的日子。

2018年6月，姚长水被黔东南州委、州人民政府授予"黔东南州脱贫攻坚优秀结对帮扶干部"称号，并同时荣获"全市脱贫攻坚优秀共产党员"称号。2019年，姚长水被评为"全省脱贫攻坚优秀村第一书记""全州脱贫攻坚优秀党务工作者""全市脱贫攻坚优秀党务工作者"等称号。2020年10月14日，在全州2020年脱贫攻坚典型表扬会上，黔东南州委书记桑维亮在讲话中对姚长水的扶贫工作取得的成效给予充分的肯定，并提出："我们要时刻牢记为人民服务的根本宗旨，始终把群众的安危冷暖放在心上，以实际行动办好顺民意、解民忧、增民利的实事好事，得到群众的认可和拥护。"②

千百年来，贫困一直是阻碍民族复兴的最大内因。妥善解决这一问题，是全面实现小康社会，加速推进社会主义现代化建设的关键步骤，所以扶贫干部肩负着重要的历史使命。无论是"三字诀"，抑或是"万字诀"，归根到底是共产党人服务群众的宗旨践行。

[感受体会]

我们作为新时代的青年，应该时刻牢记责任担当，牢记信仰、肩负责任、树立理想，让担当成为成长的阶梯；应该提高服务意识，积极了解基层工作情况，从工作中去学习，提升服务意识，以服务的观念引导自己。脱贫攻坚冲锋号已经吹响，广大青年应该时刻牢记自己的政治使命，用作时代的开拓

---

① 凯里市交警姚长水：把村里事当家里的事 [EB/OL]．[2018 - 11 - 21]．http：//www.yxguizhou.com/article - 6452 - 1.html.
② 黔东南州2020年脱贫攻坚先进典型表扬大会在凯里召开 [N].黔东南报，2020 - 10 - 15.

者，以崇高的道德品质以及更高层次的实践经验，投身于脱贫攻坚的挑战当中，让青春在脱贫攻坚中闪光。为全面建成小康社会，贡献自己的一份微薄之力。

（土管181 欧妮娅）

"电话里"的妈妈

贵州作为全国脱贫攻坚战的重点城市，经历了一年又一年的艰苦建设和脱离贫困的努力奋斗，到2021年已经有了显著的成果，肉眼可见的建设正在我们身边发生，我们能够看到国家为了人民的幸福生活努力着。接下来我就用解说的视角带您感受贵州的发展，走进农村孩子的家中，真切地感受脱贫攻坚给我们带来了怎样翻天覆地的变化。

贵州省遵义市习水县民化乡，这是一个名不见经传的小城镇，这里在国家脱贫攻坚的战役下，不断地发展，小路变成了硬化路，小屋变成了砖瓦房，小院变成了停车场。20多年前，这里的小孩都是留守儿童，这里的老人也基本自食其力，而那些青年、壮年们基本都为了生计外出打工。作为镇上普遍存在的"小东"家也不例外。小东还在需要喂奶的时候父母便离开他到遥远的城市打工去了，他在爷爷奶奶的养育下长大，年幼的他在四五岁时甚至不知道妈妈的样子。妈妈已经离开家很久了，而他每天必须做的一件事就是在家里一个老旧的座机电话前等着妈妈打来的电话，或者到了妈妈下班的时段了，赶紧给妈妈打个电话。这个时候他才四岁，听着母亲电话里的声音，感觉很亲切，他要叫她妈妈，仿佛妈妈只存在于电话里，或者这个电话在发出这样子的声音的时候就是他的妈妈。那时候家里没有电视，每天好像没什么值得期待的，唯一期待的就是那个不知道什么时候响起的电话。每当被人问起他妈妈在哪里，小东总是用非常稚嫩的语气说："妈妈在电话里呀！"

直到有一天，他像以前一样守在电话前，等着妈妈的电话。窗外下着雨，淅沥沥的，时间正一秒一秒地过去，然而老式座机却安安静静地放在那里，

"电话里"的妈妈

家里空荡荡的，没有电视，没有玩具，也没有人在家里陪他，只有带着裂缝的墙壁，目光所及的残破，还有地上接着楼顶渗透下雨水的盆，渐渐地小东趴在椅子上睡着了……

"小东~"，一声轻轻的呼唤将他从睡梦中惊醒，这是妈妈的声音，难道是妈妈打电话来了？小东如是想，但是好像又不是，电话里的声音没有那么清晰，这个声音好像没有电话里那个声音的朦胧，这应该不是妈妈。小东缓缓地睁开眼睛，映入眼帘的是一个从未见过的身影，她的眼睛还带着一丝疲惫，可能是赶路赶的吧。"小东~"，那个身影再一次喊出了他的名字，他这才意识到，眼前的"阿姨"在叫自己，他连忙应了一声，随即看向了电话，心里默默地叹息了一声，今天妈妈怎么没有来电话，可能是在忙吧，那明天再继续等吧，反正妈妈以前也有忙忘记的时候。懂事的小东又看向了这个"阿姨"，说道："阿姨，您坐，我去给您倒杯水。"那个人在听到"阿姨"的时候身体不禁一颤，之后又露出了慈爱的笑容，说了声"好"，小东走进厨房，从家里唯一一口水缸里舀出清澈的山泉水。这个村子用的水源都来自山后的清泉，这是一家人的用水，平常爷爷奶奶都舍不得用太多。小东小心地端着茶杯，缓步走出来送到了客厅里"阿姨"的手中。那个人接过水，小东问："阿姨，您来这里找谁？爷爷奶奶在地里干活还没回来。"说到这里小东猛然看到那个人的眼里仿佛含着泪水，小东本来想说的话便收了回去，这个"阿姨"真奇怪，怎么在哭呀？突然那个人一把搂过小东，哽咽着说："我可怜的孩子！"说着，眼泪大颗大颗地掉了下来。她的行为让小东的心没来由地刺痛了一下，这是为什么呢？

不知过了多久那人缓缓松开了他，艰难地开口说道："孩子，我是妈妈呀，经常跟你打电话的那个妈妈呀！"说完眼泪又开始掉了，小东愣住了，妈妈！这是妈妈，妈妈不是在电话里吗？怎么会在面前。不是看不见摸不着的吗？怎么现在触手可及了？不是不能回来吗？现在怎么出现在我面前了？从妈妈离开到现在四年了，小东也四岁半了，终于见到了他的妈妈，那一刻他终于可以骄傲地说，这就是我妈妈！那天过后，妈妈在家里待了几天，小东觉得这几天简直难以置信，妈妈还说要把他带在身边，再也不分开！也在那年，小东离开了童年生长的家乡。

八年后，小东该上初中了，由于户籍的原因，他只能回到这个生他养他的小城镇继续读初中。父母带着小东开着车回到了家乡。刚回来，就看到从前那个满是泥泞的小路，现在铺满了小石头，变成了可以让小汽车走的大路；原来需要翻山越岭才能到达的县城，现在开车只用半个小时就能到；原来零零散散的住房，现在好像一颗颗繁星点缀在青山上；原来四岁的孩童，现在俨然长成了半大的少年。"大家变化都挺大的呀，不只是我！"小东看着眼前原本熟悉的村子变得不熟悉，不禁发出感慨。

眼里满是好奇的小东趴在车窗上仔细打量着周围的一切，原来的村委会的公告栏上满是"脱贫攻坚""确保扶贫路上不落一人、不漏一户，这是底线""全面建成小康社会"等字眼。踏进家门，小东惊奇地发现，家里摆放着新沙发，沙发对面装了电视，爷爷奶奶的头发白了。走出后门，屋后的小煤堆堆积得很高了，家里的水缸上安上了自来水管，爷爷奶奶不用去很远的地方背煤挑水了。走到屋外，墙上的裂缝不见了，再也看不到接水的水盆了，爷爷奶奶住着也不危险了！围绕着长大的地方绕了一圈，小东感慨着回到屋子里，爷爷奶奶脸上洋溢的笑容述说着现在他们过得不错，他们的嘴边总是念叨着"国家政策真好啊，现在的日子过得幸福多了"！

转眼又是八年过去，小东20岁了，现在他在外地读书，当他假期回到老家时，发现原来的小城镇已经变成了一个大气的城市，原来的小平房现在变成了一栋栋高楼大厦，来来往往的汽车，街上各式各样的衣服，琳琅满目的商店，终究变成了熟悉又陌生的样子。回到老家，家里的瓦房全部贴上了瓷砖，家里的饮用水、电器一应俱全，这十几年的变化真是沧海桑田！

有句话说得好，"江南千条水，云贵万重山，五百年后看，云贵赛江南。"谈起家乡的变化时，小东内心激动不已，自然而然地流露出满满的自豪和自信！

[感受体会]

从这个绿水青山的环境中成长起来，看着生养自己的乡村能够建设得越来越好，我内心由衷地为其感到高兴。我们这些曾经的孩童已经长大成人，

"电话里"的妈妈

但是我们对家乡的依恋未曾改变。只要有机会,我一定会为家乡的发展尽我所能,因为这是我的家乡,是那个生我养我的地方,如父如母,她越来越好是我们这些儿女的责任。

(土管181 朱红彪)

努力奋斗的"养蜂哥"

寒假有一部很火热的有关扶贫脱贫的电视剧《江山如此多娇》，它讲述了一个优秀的青年干部与都市女记者来到自然条件恶劣、交通闭塞、生活水平十分落后的碗米溪，灵活运用精准脱贫的各项政策，最终在国家脱贫攻坚的收官之年，协助碗米溪成功脱贫摘帽的故事。2020年我们已经全面脱贫摘帽，于是我想到借助姐姐手中的资源，去采访一下在姐姐的帮扶下成功脱贫的一个扶贫户家。

2021年2月8号，天气很好，阳光普照，姐姐开着车带我走进了湖南省怀化市新晃侗族自治县民生村。在还未进入山路之前，道路是平坦而又宽广的，但是随着汽车的前进，仿佛进入了另外一个不同的世界一般，绵延的群山将陡峭狭窄的道路夹在中间，不仅弯道很多，就连上坡的坡度也令我吃惊，因为有些坡度甚至接近60度了，不免心中感叹道顽强的民生村人是多么的伟大，和恶劣的自然条件不断做斗争却依然创造出壮美的景观。

在即将到达目的地的时候，我看见路旁有一位大哥正站在一座框架已大致完成的房屋前的脚手架上，只见他一块一块地拿砖，娴熟地操作着。阳光照射在他的身上，时不时用手擦着脸上滴落的汗水，脸上却是满满的笑容，原来他就是我故事的主人公，姚大哥。

看见我们来了，姚大哥跳下脚手架，笑嘻嘻地走向我们，十分热情地把我们带入他家。放下东西，他搬来了椅子放在院子里让我们坐下，随后又为我们端来了水，之后他也坐了下来，我们的访谈也就从此开始。

姚大哥一家有五口人，他的父亲、母亲、妻子，还有一个3岁的小儿子，由于妻子与他不在一个户口上，所以目前户口上只有4口人。他今年37岁，所以早些年在外打零工，因为母亲眼睛看不见，父亲的身体不好常年卧床，所以妻子只能在家照顾父母，全家靠着他一个人微薄的零工和家里的务农以及政府的低保补贴凑合着过日子。前些年，政府出台了精准扶贫等相关政策，政府的帮扶以及社保局提供的技术培训开启了姚大哥新的人生。

一天，政府的工作人员来到每一户扶贫对象家里，介绍各种上级领导出台的政策以及在该地推广的"家庭微产业"项目，刚开始，姚大哥听得一头雾水，完全听不懂在说什么，在经过工作人员一次又一次地耐心解释、细心介绍以后，勇于尝试的姚大哥决定那年不再出去做零工，而是留在家中接受政府的帮扶，挑战一下自己，尝试做不一样的事情，尽管这件事有风险。姚大哥是没怎么读过书的人，他也不知道自己适合种植什么，所以他不断地询问每一个人，有政府的工作人员，有帮扶他的人，也有身边的亲戚朋友们，最终他根据自己的实际情况以及综合大家的分析，在政府所提供的各种特色养殖类型中选择了养蜂。虽然他选择了养蜂这条道路，但是他并不懂怎么养蜂。他把自己的担心和顾虑告诉了工作人员。考虑到村民们对很多农业技术知识较缺乏，社保局便提供养蜂、特色种植等农业技术的免费培训，每个人可以根据自己的情况选择想要培训的项目。一开始，村里的许多人都一起去参加培训，慢慢地，坚持下来的人越来越少，直到最后就只剩下几个人，而姚大哥就是其中之一，他全程参与了技术培训，一次课都没有落下。在认真集中培训了一段时间，掌握了一定的知识和技巧后，他在村里就开始收养第一箱蜜蜂，各级扶贫干部也给予大力支持，并帮他购置了部分蜂箱和其他一些生产资料，就这样他的养蜂生活开始了。

虽然有各种贵人的帮助，但是这条道路依然曲折坎坷。第一年几乎没有什么收成，还亏损了不少，好在家里还养着其他鸡、鸭等家禽可以进行缓冲，以及家人的理解和支持，这才让他第二年有了继续尝试的勇气。在第一年摸爬滚打及失败的教训下，他开始进行自我反思和分析总结。他意识到，要想养好蜂，就必须要先了解蜜蜂的个性，不了解蜜蜂的个性，就养不了蜜蜂。于是，他不但平时的常规技术培训从不缺席，而且还认真钻研、了解蜜蜂的习性。终于，功夫不负有心人，姚大哥的蜜蜂养殖得越来越好，从1箱蜜蜂到现在已经逐步扩展到15箱，未来还会持续扩大，他也成为村里有名的"养蜂哥"。

　　蜜蜂很娇贵，对于那些懒人来说是养不起的，不是说蜜蜂有多贵，而是很娇气，姚大哥是一个十分勤快之人，这也为他成功养蜂奠定了基础。蜜蜂的分工十分精细，不仅有看门的，还有专门打扫卫生的。姚大哥深知蜜蜂的习性，因此他丝毫不敢怠慢，时常检查蜂箱，协助打扫蜂箱里的卫生，一旦看到有新的蜂王诞生，就及时对其进行分箱。姚大哥养殖的是土蜂，它与一般的蜜蜂有点不同，因为这种蜜蜂不适合跨区域追花逐蜜，而是需要对其进行定点一地养殖。所以姚大哥的蜜蜂主要以村里周边山上的野花为蜜源，这种纯天然的蜜源，没有污染，酿制的蜂蜜也无任何人工添加成分，属于绿色食品，蜂蜜品质上乘，所以深受人们的喜爱。姚大哥说，2020年自己养了14箱蜜蜂，一共采集了220斤蜂蜜，花费1万多元。随着他的规模继续扩张，收入也必将增长，今后，他再也不需要像以前那样和家人长期分开打零工，他要把养蜂当成自己的事业，好好经营。

　　除了养蜂，姚大哥还跟妻子一起在自家院子中养了鸡、鸭等家禽，自家田地的菜也种得很好，该做的事情一样也没落下。正是因为他的勇敢、他的坚持、他的勤劳、他的好学，才使得他在短短的几年内，亲手脱下了戴在自己头上的那顶贫困户帽子，用双手盖起了属于自己的新房子，开启了自己新的人生。

　　他很感谢政府的扶持，他说如果没有政府的出谋划策与扶持，没有社保局所提供的免费养蜂技术培训，没有工作人员协助的售后处理，他不会成功、不会脱贫，更建不起新房子，所以他感谢祖国给了他拥有新生活的机会。

　　脱贫的道路离不开每一个人的努力，不管是国家还是工作人员，抑或者是贫困户本人。每一个灵魂其实都是一颗星火，都有一样的光、一样的热。在我们国家，扶贫干部的努力和关心如散落的点点光亮，炽烈而又温和，这样的光亮，照进了每一个贫困户心中；贫困户本人辛苦付出和勇敢坚持，迎着这光亮，朝着幸福而富裕的生活，一点一滴地前行！

　　姚大哥的故事只是千千万万脱贫故事中的一个，他的成功脱贫反映出一个不容争议的事实，那就是把"输血式"化为"造血式"，授人以鱼不如授人以渔的举措是成功的。

[**感受体会**]

姚大哥的故事只是千千万万脱贫故事中的一个,他的成功脱贫反映出一个不容争议的事实,那就是把"输血式"化为"造血式",授人以鱼不如授人以渔。脱贫不应一味地发放物资,物资迟早有吃完用完的一天,而应教会或提高其创造物资的能力,拥有技能,才能持续稳定地脱贫。而教育也应是如此。随着时代的进步,老师为主学生为辅的灌输式教学模式值得被深思,传统的"输血式"教学模式不再适应社会的发展,要赶上时代的脚步,取而代之的应该是"造血式"的教学模式。在教学道路上,我们应该转变教学的意义,重新审视老师与学生的地位,把主体地位交由学生,充分发挥学生的主观能动性,教师充当引导的作用,培养学生的独立思考能力,在遇到任何困难时能够学会独自进行解决,充分发挥二者的合作作用,最大限度地推进教育的发展。

(社会工作2020级 曹钰)

用生命唱出瑶山脱贫故事

我要讲述的扶贫故事是来自我的家乡——广西壮族自治区河池市都安县的一名平凡而又伟大的扶贫干部黄景教的事迹。黄景教系广西都安瑶族自治县供销联社党组成员、监事会副主任、拉烈镇地平村党支部第一书记。我的家乡都安县是广西2019年确定的4个极度贫困县之一。黄景教致力于带领当地群众脱贫致富,针对地平村的地势特点和土壤状况大力发展养牛、养羊、养鸡、核桃种植等产业,村民们在他的带领下,积极参与发展农副产业,推动地平村的经济发展,村里稳定增收的能力大幅提高。黄景教是一位在脱贫事业中默默奉献的普通党员,但他的扶贫故事却是如此地不平凡。

2016年2月6日,黄景教沿山区公路驱车67千米,来到了地平村。为了更好地开展工作,他长期住在村委会一楼的宿舍里,二楼就是办公室。作为都安县供销联社副主任的他,已经把这里当成自己的家。在地平村委会这个不足14平方米的房间内,一张床、一个办公桌、一盏台灯、一个水桶和一张毛巾便是他所有的物品,以及最为醒目的一摞摞厚厚的文件。地平村共有230户893人,其中建档立卡贫困户73户298人。从他到达地平村的第一天起,他就让村干部做向导,迅速投入开展扶贫调查的前期工作。黄景教走访了弄沙、巴桑、加弄、地平等村组的农户,从天亮到天黑,他忙活了一整天,笔记本上有着他密密麻麻、认真的字迹。据村民们描述,从驻村开始,黄景教就制定了五条自我约束措施,确保自己干净做人、干净做事,努力为村两委班子和党员群众做表率。村里的村民们每次都热情地拿几只土鸡让黄景教带回家,他回应道:"这些都是你们辛勤劳动的成果,我不能拿呀,你们的好意我心领了。村民过得好、村里经济上去了，就是对我最好的鼓励和礼物。"吃好、喝好、收入好，是大山里的群众都渴望达成的目标。在地平村，弄费、加忙、弄险等村组群众纷纷向黄景教请求扶助发展养羊产业。村民们热切的想法让他内心深受触动和鼓舞。黄景教明白，要想脱贫致富，得依靠产业带动；要稳定增收，必须依靠项目支撑。经过不断的调研和考量之后，黄景教请来了广西南宁的农科院专家，举办了3期核桃种植管护技术培训班，同时，他又组织群众组建养鸡场，成立农民养鸡专业合作社。后来他又连续组织举办养牛、养羊、养猪、种葡萄等各种实用培训班，为200多户贫困户提供科学技术指导。

在黄景教坚持不懈的努力下，他先后帮村里落实了30万元村级综合服务中心项目，协助80户297人办理了低保补助手续，组织11户贫困户与合作社签订了委托经营协议书，每年共获得4.4万元的贷款收益金；完成全村23户110人的易地搬迁安置任务。他组织的核桃种植及鸡、猪、羊养殖技术培训班也取得了丰硕的成果。2017年，部分核桃树已经挂果，共产生10万余元的效益，而合作社养殖的土鸡也达到了3000多只，收益超2万元。经过黄景教等扶贫干部的共同努力，地平村2019年底的贫困发生率已经降为2.47%。地平村的村民们面对这些成果喜出望外，而这背后也包含了扶贫队伍无数个日日夜夜的辛勤付出。

2019年12月26日，黄景教刚刚结束对几个贫困户的家访，在返回的途中所乘车辆翻落山坡，于21时35分许不幸殉职，年仅49岁，他在生命的最后一刻仍然奔走于扶贫事业之中。现在地平村的村民们提起黄景教，依旧饱含热泪。这位一心为民、努力为扶贫事业耕耘的好书记永远活在他们心中，是他带给地平村翻天覆地的改变，让村民们拥有了更好的生活。

[感受体会]

在广西脱贫进程中，还有很多像黄景教一样在自己的岗位上辛勤付出的平凡而伟大的扶贫干部。2020年对我们每个人来说都是极不寻常的一年，疫情曾让我们感到绝望，但众志成城之下，我们不仅控制住了疫情，更迎来了脱贫攻坚战的圆满收官。现在我们最主要的任务是持续巩固脱贫攻坚成果，接续推进脱贫地区乡村振兴。让我们齐心努力，真抓实干，全面推进乡村振兴，加快农业农村现代化，贡献青年新力量！

（社会工作2020级　韦予辰）

让脱贫绽放教育之花

冬日的暖阳,似乎比其他季节的阳光更能使人感受到它的温暖与激情。踏着迎春的步伐,作为贵州大学的一名研究生我踏上了寻求身边脱贫小故事之旅,总想将身边感人的脱贫故事与大家分享。通过先前的准备工作,我从村委会了解了木弄村的贫困户以及致贫原因,考虑到不能完全走访到每户人家,于是,在村支书饶伯的帮助和带领下,我来到了一户父母外出务工供子女上学的贫困户进行深入了解。

这家贫困户是因学致贫,家中有3个孩子以及年迈的父母,大女儿在贵州师范大学上四年级,儿子在重庆读职校,小女儿上大学一年级,因为父母双方都没有技术,在村支书的引导下外出进厂打工维持一家人的开销,尤其是开学季的学费和生活费更是加重了父母的负担。这家父母的身体本来就不好,父亲年轻时患有精神方面的疾病,后来医治之后有了明显的好转,但一直未能根除,倘若发生了什么大事心情就会受影响,心态比较消极,有时候要靠吃药维持睡眠。母亲身体状况要好一点儿,但是心态也非常消极,因为她承担了大部分的活儿,包括在外上班挣钱以及操持家务大小事。

一、教育改变命运

扶贫先扶志(智),只有从思想上根本改变,人们才会将脱贫作为自己的事情,而不是单纯要依靠国家和政府,要实现真正的脱贫不是一朝一夕的事情,而是一段时期内整个家庭的共同努力,而脱贫效果最显著的表现则是教育。教育不仅是个人发生改变的基本条件,也是一个家庭得以转变和巩固的基础，为了不让能读书、读好书的家庭的孩子辍学，精准扶贫将其纳入贫困对象，这家大女儿从大一开始就享受了精准扶贫户的助学金，1 年是 4830 元，4 年总共收到补助将近 2 万元，妹妹有 3500 元的助学金，弟弟有 1580 元的助学金，加上每年的产业补助和加入合作社的分红，这个家庭的经济情况逐渐好转，因为有了国家的关怀，这户人家逐渐实现了脱贫。这家大女儿给我说道：她读书以来，从初中开始就受到国家对她的关怀，她也很争气地考上了大学，都说穷人家的孩子早当家，从小就和爷爷奶奶生活，她是一名留守儿童，但她却也是一名好榜样，回家来不仅要帮助奶奶做家务、干农活，还得担起照顾弟弟妹妹的责任，如今，生活变得越来越好了，父母的精神压力也得到些许释放，曾记得，小时候他们的父母打电话给家里，每次都要哭一顿，倒不是说父母骂他们，因为自身能力有限，他们将挣钱的不容易时时刻刻像紧箍咒一样强压在孩子们身上，他们没有娱乐活动，整日都在上班，就这样，两点一线的日子没能让他们有释放压力和倾诉的对象及途径，久而久之，他们对孩子寄予了太多的期望，以至于压得孩子们喘不过气来。

二、替代父母的角色扮演

值得庆幸的是孩子们的爷爷算得上他们那个年代有文化的人，在教育孩子的问题上相比较其他家庭是值得肯定的，爷爷用他的教育方式给孩子们的成长之路添砖加瓦。这家的小女儿说：我很爱我的爷爷，是他鼓励我一直努力学习并进入了大学，爷爷和奶奶替代父母的角色让我感到我和其他人没有什么区别，大家口中一提及留守儿童似乎都是不好的印象，其实我想说的是，只要社会化过程顺利完成，是不存在什么实质性的差别的。这家人的儿子上了职业学校，专业是电梯安装，马上就要毕业上班了，他上班后父母就不需要操劳他的学费和生活费了，相反，他也能帮助父母减轻经济负担，能给姐姐和妹妹一些生活费，日子总归是越过越好的。

三、尽职尽责的帮扶人

帮扶人曾老师尽心尽力地做好本职工作，为了让他们及时享受到政策优惠，无论通过什么方式都在随时和这户人家保持联系。这家人是他们村里学习的榜样，尽管父母在外地上班，家中爷爷奶奶照顾 3 个孙子孙女，但每一个孩子的心都很好，人都很孝顺，是村里夸赞的对象。以前的日子总是苦的，但是有奔头，在精准扶贫的帮助下情况逐渐好转，父母的经济压力得到缓解，而子女也有出息，都说天下父母无论干什么都是为了孩子，穷人家的孩子读书就是最好的出路了，为了孩子以后的生活比自己过得好些，自己苦点累点内心也是安慰的。是的，扶贫先扶智，这是最直接的脱贫方法。

四、脱贫不是终点

之前有幸参加过一次贫困县退出的第三方评估，走访了贫困户，了解他们的生活变化，"两不愁三保障"得到落实，钱袋子也慢慢鼓起来了，乡亲们脸上的笑容变多了，大家都感谢政府和国家的关心，他们因生活在这个国家而自豪。每户人家致贫的原因不同，但每户人家一起脱贫的目的是相同的，新时代精准扶贫的效果是显著的。2020 年底，我国已经从绝对贫困转变成相对贫困，这是具有时代意义的，同时也为其他国家提供了范例，中国的发展和成长是有目共睹的。脱贫不是终点，未来需要持续巩固脱贫攻坚的成果，陆续推进乡村振兴，让乡亲们过上更加美好的生活。

[感受体会]

在参加云南省贫困县退出第三方评估的过程中，村民基本生活的"两不愁三保障"得到根本落实，他们满脸笑容、热情地握住我们的手，表达了对祖国的感激之情。作为一名深受国家关爱的人，我从初中就接受政府的关爱，我深知一名留守儿童走到今天的不容易。每年高考，各种关于寒门出贵子的报道接踵而至，是的，教育是脱贫最好的方法，在农村，意识提升远比其余的帮扶来得更实在，因为有了精准扶贫和脱贫，我们看到了教育绽放脱贫之花，屹立在祖国的东方。

（社会工作 2020 级　肖丹）

莫小会与巾帼龙头企业的养殖扶贫之路

党的十八大以来,以习近平同志为核心的党中央把脱贫攻坚摆在治国理政的突出位置,作为全面建设小康社会的底线任务,组织开展了声势浩大的脱贫攻坚人民"战争"。助推脱贫攻坚取得全面胜利,产业扶贫是一条科学路径。本文以站在扶贫一线的养殖企业为调查对象,根据切身调研结果撰文,内容皆为企业真实扶贫历程。

我所调查的贞丰县强久肉牛养殖农民专业合作社于 2013 年 9 月成立,法人代表为莫小会女士,现有社员 90 户,贫困户 16 户,主要从事贵州小黄牛的养殖及销售、水果种植及销售。

该合作社成立至今,建成了两个标准化肉牛养殖圈舍,配备有化粪池、加工配料室、办公室、员工宿舍、水池、青贮池、隔离室,购置饲、草料加工机械及其他设备 10 台(套)。截至 2021 年 1 月,养殖场共有管理人员 2 人、技术员 2 人、工人 8 人;合作社现养殖能繁母牛 78 头、育肥牛 40 头、牛犊 70 头;种植四月李 300 亩、樱桃 30 亩、皇竹草(牧草)1800 亩。养殖场按照生态养牛进行规划布局,建设办公区、生活区、生产区、无害化处理区等功能性区域,区域之间界限明显。

莫小会女士是贞丰县强久肉牛农民专业合作社的发起人,只有初中文化水平。一个土生土长的农村妇女,祖辈世代以种地放牛为生。在那个四面环山,一坑只能种下两颗苞谷的山地里,为了维持上有老下有小一家 8 口人的生活,2007 年,跟随打工大潮,和丈夫一起到沿海城市打拼。作为大山里第一批出来的"开化分子",外界的生活方式从思想上对她产生了深刻的影响,她明白,人不能一辈子只靠大山,要有一技之长才能活。

打工4年，回到大山，她用仅有的3万元积蓄，买了人生中第一辆"翻斗车"，开始煤炭运输生涯，煤炭生意做得风生水起，为莫小会带来人生中第一桶金。生活的磨难和骨子里的倔强造就了莫小会非凡的经商头脑和敏锐的市场洞察力，她在运输煤炭的过程中，通过走访市场调查发现，现在养牛的农民越来越少，牛价却越来越高，养牛是个非常不错的投资项目。于是，她把做煤炭生意攒得的部分积蓄投入肉牛养殖。

2012年，她从市场上选购了20头牛，只身一人，回到老家开始了养殖生涯。次年，将部分成品牛出栏销售后，收益5万多元，使她更加坚定肉牛养殖的意义。未曾想，初窥到商机的事业，却遭遇一场十年难遇的"雪雹子"，顷刻间棚屋倒塌，牛群伤亡。但亏损没有打消她毅然坚定的养殖想法，2013年，她把城里的房、车卖了，再一次投入全部身家在养牛事业上。

2013年9月，经过多番协商，莫小会与白层镇当地村民达成一致意见，成立农民合作社，她当选为合作社法人代表，合作社现有成员90户（126人），全部为农民身份。合作社营业执照、养殖场动物防疫条件合格证、环保手续、土地使用手续等齐全。合作社成立之初制定了企业发展规划，即2013~2018年建成两个标准化肉牛养殖圈舍、优质牧草种植区、贵会牛肉餐饮店，到2018年下旬基本完成。

长久以来，莫小会秉承"要么不干，干就干个最好"的初衷和理念。由于她艰苦卓绝的创业精神，合作社从创办至今获得各种荣誉：2013年被授予"贵州省现代肉牛产业技术体系肉牛示范养殖场"与"贵州省青年创业先锋"荣誉称号；2015年被授予"州级龙头企业"荣誉称号、2015年被授予"黔西南州巾帼示范基地""巾帼创新业示范基地"荣誉称号、科普示范基地、"黔西南州养殖大户"等荣誉称号；2016年被共青团贞丰县委评定为"贞丰县脱贫攻坚青年创业营地"、动物卫生安全风险评估等级A级单位、贵州省畜牧兽医研究所合作单位；2017年被授予"省级龙头企业"荣誉称号；2020年被授予"黔西南州劳动模范"荣誉称号。

随着社员的努力，合作社发展越来越好，但莫小会女士认为个人富裕并不算富，因为自己的同乡、周边的老百姓都还是一贫如洗，生活贫困。于是，她秉承国策，与国家政策同行，带动周边老百姓，走好脱贫致富路。

她整合优化资源，根据白层低热河谷地带的特殊气候和地理优势，利用丰富的荒山资源，大力发展种植、养殖业。其中建设四月李种植基地、甘蔗种植基地。通过"合作社+基地+农户"的借养和领养模式，带动贞丰县白层镇周边农民养殖本地小黄牛，实现带动农户致富和多方共赢；采取种养结合、以短养长、农旅结合和双丰收模式，不仅实现养殖、种植资源一体化循环，还促进其他产业的发展和生态保护；同时也为当地群众提供大量的就业机会，增加务工收入，促进社会的稳定。

一、带动就业

合作社自成立以来，一直以帮助农户脱贫为己任。莫小会女士更是把带动农村妇女就业创业作为自己的一份不可推卸的责任，养殖场所在地周边大部分农户都以种植甘蔗和李子为主要经济来源，因发展农业投入大、风险高、回报低，群众对种植业和养殖业的发展失去信心，大多数家庭的男性劳动力选择外出务工，妇女则留守农村负担起照顾老人和子女教育的重任，这样一来，滞留在农村的妇女人口就大大增加了。合作社的建设与发展为周边村寨广大农村妇女提供了创业就业平台。合作社承包了荒山3000余亩，种植了大面积甘蔗、李子、黄竹草等，养殖业和种植业需要大量的劳动员工，在这样的情况下，合作社的发展给滞留的农户带来就业机会和经济来源。合作社的工人全部雇用周边村寨的农户，值得注意的是，在用工人数中，妇女和贫困户占总用工人数80%以上，很好地解决了农村滞留人员就业问题，增加了经济收入。据粗略统计，2013年以来，已付出劳务工资190多万元，在为当地妇女提供了许多就业机会的同时，也把合作社发展成为带动一方经济发展的省级龙头企业。

二、科技扶贫与培训

2017年，合作社改善了培训宣传场所的硬件设施，借助贞丰县畜牧兽医等部门力量，建立了科学的畜牧科技培训体系，创新培训方式，对有养殖需求的农户进行集中式指导,为贞丰县发展科学、规范养殖肉牛奠定基础。2013~2020年合作社举办30余次培训,通过对培训人数进行统计发现,在所有的培训人员中,培训妇女、贫困户人数达总人数的70%以上。合作社与县农业畜牧专业讲师合作,对农户开展提升科学养牛技术与技能讲座,传授疫病防疫方法,并现场与养殖农户交流沟通,释疑解惑。除此之外,合作社法人及监事还多次为农户亲自讲解饲养技术、疾病用药、种植技术等,社员及周边农户从中学到各方面的技术,增强发展种植业、养殖业的信心,从而积极地参与在其中,并取得一定的经济效益。

同时,合作社围绕现代畜牧业和优质高效养牛业等内容,选编实用技术指导用书和相关培训资料,并派发给养殖农户。成立至今,合作社累计发放科普宣传资料共计3类0.8万余份。自2015年合作社被授予"黔西南州巾帼示范基地"、"巾帼创新业示范基地"、科普示范基地等荣誉称号以来,他们紧紧围绕科技扶贫工作,以科学养牛、品种改良、科普推广服务为切入点,积极开展宣传科学养牛工作。合作社在培育优良肉牛品种、研究科学饲养搭配、开展生态养殖技术、宣传科学养牛方式及各类疫病防治等工作中都取得了显著的成效。另外,合作社还定期邀请养殖农户到养殖场参加科普活动,每次科普活动,都根据养殖农户文化程度低、接受知识难等实际情况,将优质肉牛品种、肉牛疫病防治、饲养管理技术等内容通过板报、挂图等方式向养殖农户展出,图文并茂地普及宣传,以达到科技扶贫的目的。

[感受体会]

为期26天的田野调查于今天结束,调查报告也于调查过程中完成,在调研的过程中,我也拜读了贺雪峰老师的《在野之学》,学习如何调研,学习在调研过程中如何提出问题,感触良多,生活无处不学问。

在调研过程中,我感受最深的是冬季牲畜的喂养条件艰难,而企业仍然能够因地制宜,为社员和周边农户创造经济收益。2021年2月5日,我结束调研的这一天,莫小会从银行取出20余万元的现金,将工资发到每家每户,我很荣幸参与了这个过程。因为企业坐落于村寨中,是看得见摸得着的,周边农户也常年在合作社务工,加上莫小会本人就出身于这个地方,大家乡里乡亲，平时务工的工资社员可选择年终结算，也可以按月结算，但乡亲们都不约而同地选择年底结算。于是就有了我所看到的一幕，他们都相信合作社，企业也没有辜负他们的期望，合作社自成立以来，从未拖欠过工人工资。因为大多都是留守乡村的老人和妇女在合作社务工，没上过几年学，通过银行卡转账的方式，乡亲们普遍觉得没有安全感，莫小会非常理解，于是就每年年终的时候从银行取现金给他们。我感受到的农村的质朴与亲切，在这个过程中再次深化。我们到的几乎每一户人家，只要主人家在家，都会留我们吃饭，人与人之间，因此走得更加亲近。

就像路遥的《平凡的世界》里刻画的双水村，村民们团结且互帮互助，把贫困的日子一天天变得红火，我相信这也是莫小会的梦想，带动乡亲们一起致富，只要人们勤劳不怕苦，贫困不会在任何地方扎下根的，总有一天能够实现。

通过参加学院的暑期社会实践调研活动，开阔了我的视野，使我明白走向田野的学术即饱满又有温度，我也借此机会得以深入了解走在扶贫一线的企业肩上那份伟大的社会责任，以及留守农村的妇女改变贫穷现状的渴望。参加暑期社会实践我最大的感悟应是在今后的学习中，我更应踏实学习，在踏入社会工作之际，成为能肩扛重任的青年。

（政治学2020级　周银）

我家医生和教师的兼职工作

"精准扶贫"自提出日起就是一个热点话题,它关系到国民生活质量的提高,是我们国家实现小康社会的基本出发点和落脚点,为实现乡村振兴做好铺垫。在这一背景下,我利用暑期时间与家人一起到乡村,进行"精准扶贫"调查,从帮扶干部的视角出发,了解贫困户基本情况、观察贫困户及其家乡变化、体察帮扶干部工作的辛苦。

一、停洞镇概况

贵州省于2020年11月23日宣布退出贫困,从江县是最后脱贫的9个县之一,其扶贫任务之艰巨可想而知。停洞镇位于从江县西北面,在宣布脱贫之前,一直是贫困乡镇,山地多平地少,农业生产技术水平低、地方教育水平低,这些因素制约着其发展。但是得天独厚的地理环境和气候造就了停洞朝天辣之乡,小镇风景秀丽,坐落在郁郁葱葱的马鞍山下,依山傍水的房屋栉比于都柳江畔。

二、医生与教师的扶贫故事

在贵州省、黔东南州、从江县委政府的领导和各级部门专班的指导下,停洞镇政府重点围绕补齐短板,推进产业革命,扎实推进脱贫攻坚各项工作的开展。由于贫困人口较多,连绵的高山分割村落,而政府工作人员有限,地方事业单位人员都参与了精准扶贫。我家一共有4名教师和1名医生参与了这项重要的国家战略行动。寒暑假期间,我时常随家人一起到贫困户家中,作为一名观察者,我见证了贫困户生活质量的改善,农村人居环境的变化。

1. 救死扶伤与精准扶贫同时赛跑

舅舅是一名医生。乡镇全科医生目前还比较少,为数不多的几位医生轮流值班,休假的时间很少。精准扶贫伊始,他正常上班之余需到贫困户家里,根据上级要求网格化收集信息,精准识别贫困户家庭成员所有情况,开展到村到户的贫困状况调查和建档立卡工作。经过多次排查得到基本翔实的资料后,扶贫工作组的同志要针对扶贫对象的特殊情况确定责任人,各村建立扶贫工作站,集体商量帮扶措施,确保帮扶效果。建立起贫困户的信息网络系统,将扶贫对象的基本资料、动态情况录入系统,实施动态管理。对贫困农户实行一户一本台账、一个脱贫计划、一套帮扶措施。

以上是政府分配的扶贫任务,与此同时舅舅还是健康扶贫的一名乡村签约医生,要定期入户对农村住户检查身体健康情况。为方便扶贫日常工作,他买了一辆摩托车,不管白天黑夜,也不论日晒雨淋,他辛勤穿梭在重峦叠嶂的山林间。在扶贫工作人员的努力下,精准扶贫改变了农村的面貌,帮扶前崎岖的羊肠小路已经变成了水泥硬化路,即便路面窄小也已直达家门口,方便了村民的日常出行,也助力了帮扶干部的工作。

精准扶贫是为了让人民群众有幸福感,舅舅经常说这几年工作辛苦也是值得的。贵州是贫困人口最多、贫困发生率最高、易地扶贫搬迁最多的省份,停洞镇易地移民搬迁人数1527人。他的2户扶贫对象搬迁到从江县的银新移民安置点和贯洞镇美娥移民新村里,前期帮扶工作也随着贫困户的搬迁而移动,从停洞镇到从江县的90千米开车需要90分钟左右,到贯洞镇91千米开车需要2个小时。舅舅没有小车,只能由同事顺路带他到县城,然后自行转车到贯洞,或者稍缓几天,等我父母带他一同前往。但是很多情况下帮扶任务各不相同,贫困户问题各异,有时事情紧急,一边要正常上班,一边还需要回复上级安排的扶贫工作,他只能经常自己坐班车去工作。

在做好精准扶贫工作的同时,舅舅还要投身于健康扶贫。农村家庭人口相对较多,他要对每一个人的健康进行详细的记录,并随时上传到全国健康扶贫动态管理系统中去，手机的照片太多，只能事先编辑好图片姓名，方便后续上传资料工作。很多时候，他的工作从清晨做到深夜。

家人群也成了大家的工作群，为了保护他人隐私，我们从不下载转发这些资料。舅舅年纪大了，遇到不会的就在群里问问；有时候上级检查，基层工作人员很担心自己做的扶贫工作被否定，也担心影响自己的本职工作。

2. 白天扶志晚上扶贫

姨父和阿姨有两个孩子，全是外婆帮忙照顾。他们都是老师，用他们自己的话说是"白天扶智，晚上扶贫"，脱贫攻坚期间帮扶工作任务重，周末很少能接孩子回去照顾。要想把扶贫工作做好，就要熟悉自己的帮扶对象，了解群众所想所需。农村的贫困户大多都有自己的几亩田地，他们春天忙着耕种，夏天忙着看田水，秋天忙着收获，冬天忙着与外出务工回家的亲人团聚。在基层工作就要适应人民群众的生活和劳作习惯，入户调查前要以农户方便为主的原则，提前打电话问问他当天的计划，例如是否外出等。天热帮贫困户搭棚子，冬寒给他们送棉被，尽自己所能拉一拉，扶一把，增加帮扶干部与受帮扶群众的情谊。之前，一些贫困户的房间比较黑，家里卫生状况比较差，扶贫干部几次上门谈心并亲自帮助他们打扫房屋卫生后，他们渐渐养成了良好的生活习惯，能主动清洁房屋院落，房前屋后家禽粪便少了，绿植多了。精准扶贫改变的不只是贫困户的经济生活，更多的是改变农村人居环境、房屋安全、人们精神面貌，提升对教育的重视，村民对于美好生活的盼头更足了。

姨丈和阿姨两人共有10户左右的帮扶对象，有的家里有小娃娃，有的家里有初中生，他们每次去都会随手带些物品。有时候是鸡蛋，有时候是塑料板凳，有时候是便携衣柜装衣服……帮扶干部与自己的帮扶对象要彼此熟悉，当他们带妹妹一起去农村时，贫困户会更加配合工作，他们知道照顾孩子的不容易。有些贫困户家里没有衣柜，看到正处于青春期的孩子，他们带去衣柜，即便狭小也是属于自己的空间。

很多时候，他们是怀着对孩子的亏欠和党员的信仰一步一步走过来的。在调查中，我们一直开的是摩托车，在农村的山坡找人，摩托车是最给力的助手，这一天带着印泥、文件只为找学生家长签个字。天气炎热，写字过多，签字笔都写弯了。各村都有脱贫攻坚指挥所，白天大家都入户调查，晚上才能聚齐开会，发现问题，解决问题，推进下一步工作。

3. 父母共同走在扶贫路上

我的父亲是一名中共党员，停洞镇的中学教师。扶贫工作几年里，他走过不少帮扶村寨，从老寨村、苗朋村、架里村、摆也村，最后到归奶村，他走遍了停洞镇东南西北的村落。扶贫后期，父亲被分到老家归奶村，他感到很荣耀，因为能亲自参与改变家乡面貌的工作。他叮嘱村里人，要好好配合工作人员的走访，靠自己的努力脱贫，过上好日子，幸福生活才会长久。扶贫走村串户，定期的走访记录是必备的，扶贫资料相当繁多，记录需要十分详细，爸爸为了方便分类整理，沙发经常成为他的办公桌。再次到父亲的帮扶对象家里，我明显地发现帮扶前后的区别，他家门前的路面拓宽了，一家人通过产业扶贫已经脱贫，并自己购买了摩托车方便务农。

父亲还是教育扶贫督导小组的一员，他会苗族语，用苗语与地方贫困户沟通有利于教育督导工作。小组成员经常跋山涉水地去失学、辍学的适龄学生家中做思想教育工作，遇到过父母不支持孩子学习的，遇到过未成年就订婚的，遇到过外出务工的，也有单纯不爱读书的。他们的工作是一门艺术，面对不同的家庭，他们用不同的方式把学生带回学校。

妈妈是停洞镇小学的一名班主任，也是扶贫工作人员。她除了要做好本职工作以外，还经常要去她负责帮扶的领袜村、苗朋村做工作，将每户村民家里的人口数量、健康状况、工作情况、子女就读情况登记得一清二楚。当村民生产生活遇到实际困难时，她总是马上想办法解决。2020年新冠肺炎疫情期间她的帮扶对象种植的大球盖菇暂停了采摘和外销，为了减少种植户的损失，妈妈带领我们到他的田地里面帮助采摘，并购买了30斤的菌子，分给亲朋好友。

[感受体会]

看到家人们用耐心和爱心全力以赴做好没有额外收入的工作，看到他们的努力使一户户村民摆脱贫困过上了幸福生活，我知道，他们虽然很累但心里却毫无怨言。全国成千上万名扶贫工作人员都和他们一样，默默地工作在扶贫一线，为地方的发展挥洒着汗水，奉献着青春。他们汇聚成星河，照亮了村民们快步奔向小康的幸福大道。

（行政管理 2019 级　韦润媛）

促进乡村发展的"带头人"

一、痛定思痛变思路

20世纪90年代末,位于贵州省仁怀市的L村,是一个名不见经传的贫困小村庄,村里道路不通,村民进城不便,交通道路建设的滞后严重制约了该村的向前发展。在此背景之下,L村村民痛定思痛,团结一致,下定决心誓将通往村庄的公路修通,改善全村人的出行条件。在村里"带头人"的带领之下,L村逐步实现了凿通道路、实现硬化、改善交通的梦想,为村里孩子接受更好的教育和开拓更广阔的视野打下了坚实基础。如今,村里走出深山的大学生已多达几十人,村民生活也更加富裕。而取得这一切成就的背后,均与村里这条道路的建设息息相关!

二、坚持不懈开道路

"李大爷,早啊!又出来遛弯啦。"清晨,随着东边慢慢升起来的太阳,虽有一丝温暖,但空气中仍带有一丝凉意。按照惯例,年近八旬的李大爷每天早上散步回来都会经过我家。"小涛,早啊",他回道。"每天起床锻炼,你小子身体不错啊。""现在大马路修通啦!跑步不用担心弄得一身泥巴",我回道。"是啊!你们这一辈儿,赶上了一个好时代。"李大爷饱含深情地说道。

"那您给我说说你们过去的事儿呗,大爷。""好啊,那我就和你聊聊。"坐在我家门前的大树下,李大爷和我谈起了25年前家乡发生的点点滴滴。跟随着他的记忆,时间回到20世纪末。

促进乡村发展的"带头人"

"就拿现在这条大马路来说吧,可以说这是我们全村人用泪水与汗水才换来的。"说到这里,李大爷低下了头,眼泪止不住从眼角边流淌下来。这条路勾起了埋藏在他心底多年的秘密。原来,25年前,我们这个小村庄由于交通不便,同外界沟通受阻,出行难成为村里最大的问题,每次村子的人们赶集都需要步行1个小时才能到镇上,对全村的发展造成了严重的阻碍。老一辈的人们为了改变这种现状,召集全村人商讨如何打通通往村里的"最后一公里"路。一场轰轰烈烈的同道路不通的命运搏斗就此开始,在以李大爷为代表的老一辈带领之下,从资金筹集、线路规划、召集人手、着手施工以及最终的通车运行,全村人团结一致、上下一心,经过多年的努力开凿,最终打通了改变全村人逐步走向美好生活的幸福大道。"如果让我重新选择,我依然还会那样做。"原来,当初他在负责筹集资金时,虽然全村已经穷尽各种办法,最终仍然短缺几万元。后来,李大爷突然告诉村里人,资金已经够了,最后几万元已经解决,可以开始动工了。全村人都很激动,纷纷问道李大爷是怎么解决这个问题的,而他也只是平淡地告诉大家,是他找其他村的朋友帮忙筹集到的,之后大家沉浸在喜悦中,也就没有再过问这件事情,只是在全村人的心中,都对李大爷表达了十分的感激之情。直到10年前,李大爷的老伴病逝,全村人才知道,原来当年那几万元是他一辈子积蓄下来的存款。当年的他作为一名乡村小学教师,领着微薄的工资,省吃俭用地存下了几万元,本来打算以后和老伴养老用的,却没想到村子在修路时遇到难题,看着全村人焦急的样子,实在不忍心看着大伙因为这几万元而无法打通全村人的致富之路,浇灭大家鼓足干劲的热情。在和老伴商量之后,两人共同决定将自己的积蓄捐赠到修路资金中来。为了瞒着家里人,老两口对家里撒了谎。就这样,多年过去了,村里的道路修通了,李大爷的老伴却因为生病,无法支付昂贵的医疗费用,永远地离开了他。"其实,在将积蓄捐出后没多久,老伴就发现身体不太舒服,但考虑到家里没钱了,就没有过多重视,直到两年后去医院检查才发现,病情已经不容乐观了,只能吃药进行缓解。""这是我和她做出的永不后悔的决定",他说道。此时,我看得出来,在李大爷脸上流露出的真情实感,但我也深知,在他内心,对于老伴的离开,仍然还是充满自责。虽说当时是两人共同的决定,但老伴也是在他的劝说之下才同意的。

倘若不将自己的积蓄捐了，老伴生病的第一时间便能得到有效的治疗，最终也不至于因此而撒手人寰。

后来，伴随着国家精准扶贫政策的不断推进，"要想富，先修路"的口号再一次在人们耳边响起。村子里的路虽然前些年已经修通，但是还未实现硬化。在此情况之下，以李大爷为代表的村民又再一次召集全村人，商量争取将通往我们村子的这一条道路实现硬化，在李大爷的带领下，全村人又开始铆足干劲、苦干实干，经过多番努力，最终将村里的道路拓宽，铺上了黑黝黝的沥青，极大地方便了人们出行，真正解决了全村人出行"最后一公里"的问题。如今，从我们村到镇上，开车仅需要20分钟便能到达。从那以后，李大爷更受到了来自全村人的敬重。

"投桃必以报李还之"，他说道，"小时候，在我遭遇困难的时候，村里帮助了我，现在我老了，做不了什么大事，只能略尽绵薄之力，尽力改变我们这个小村庄的面貌，让下一代能够生活得更好。"是啊！的确如此，正如李大爷所想的那样，让全村下一代人生活得更好，便是他们老一辈人最大的心愿。此时的我，也方逐渐明白，为何当李大爷谈起这条路时，他的内心有多么的复杂。听到此处，我亦感触颇深。倘若当年没有老一辈人的无私奉献和艰苦奋斗，将通往村外的道路打通，对于我们这一代年轻人来说，又还需要多少年才能真正"走出大山"，开阔视野，接受到更好的教育？

三、勇往直前闯新路

不仅是我们村子，放眼全国来看，在脱贫实践过程中，涌现了一大批像李大爷一样乐于奉献、争做带头人的奋斗者。在这些人的带领之下，不仅激发了全村人摆脱贫困的斗志，使得大家团结一致、上下一心，而且培养了在同贫困斗争过程中不畏艰难、不怕吃苦、誓死同贫困的命运作斗争的可贵精神。从他们的事迹来看，无不流露出对当地人民的真情实感。正是"想着干，而不是懒得干"的思想，激励着老一辈人一直在同贫困作斗争，从本村修路实践来看，正是如此。同样，对于我们年轻一代来说，只要有一颗想干事的心，就会千方百计，勇往直前，克服艰难险阻，闯出一条实现致富的新道路！

[感受体会]

"接受高等教育的目的不是为了逃离乡村,而是要学成归来后更好地建设家乡。"李大爷当时对我说的这句话始终在我耳边萦绕。是啊,从小学到初中再到高中,我一直生活在这片可爱的土地上,它不仅滋养了我的灵魂,更是心灵依靠的港湾,留下了太多太多美好回忆。而我深知,要想让这片可爱的土地有着更加光明的前景和未来,仅仅依靠老一辈人的努力还远远不够,需要更多人才群策群力。伴随着乡村振兴战略的实施,农村发展迎来了新的历史机遇,同时也对年轻人参与其中提出了更加迫切的要求,鼓励更多年轻学子积极加入建设队伍。两年前,从我踏入研究生学习生涯大门时开始,我便许下心愿,希望通过自身的努力学有所获、学有所成,将来有机会投入家乡发展建设过程中,像李大爷等老一辈奋斗者一样,传好乡村发展"带头人"的接力棒。而如今,即将面临毕业的我,仍然怀揣着接力做好促进家乡发展的美好心愿,同时也始终牢记着一个信念——离开乡村是为了更好地回到家乡!

(社会保障 2019 级　李潘涛)

脱贫攻坚下的乡村建设

2020年我国全面建成小康社会，贫困问题得到很大程度解决，人民生活水平显著提高。但正如古人所说"纸上得来终觉浅，绝知此事要躬行"，不论获取何种理论知识、文字信息，终究需要回归基层，只有深入基层乡村，才能感受脱贫攻坚为中国农村带来的巨大改变，亲身感受脱贫成果。

S村隶属于庄浪县卧龙镇，从前是出名的贫穷，这里经济落后，村里的道路都是泥泞的土路，下雨天坑坑洼洼，到处都是积水，有时路面会深陷，出行十分困难，当地村民束手无策。

在党中央的号召下，为实现2020年全面建成小康社会，建成生态宜居的美丽乡村，村里来了扶贫工作队，从路面硬化、乡村绿化到厕所革命等多方面对村容村貌进行了改善，打造农村新面貌。对精准扶贫户、建档立卡等贫困户给予全方面补助，鼓励危房改造，提升村民生活幸福感。S村在这样的政策下也开始了全方位转变。这次走访，令我印象最深的是王大姐，她是这个村庄里普通的一户人家，跟大多数人一样，这两年才住上新房子。在与王大姐交谈时，王大姐脸上充满笑意，"现在的日子比以前好过多了"。

我最先注意到的便是脚下的柏油路。王大姐告诉我这些路以前都是土路，冬天、下雨天根本没法走，冬天全是尘土，夏天都是泥水。如今放眼望去，土路早已经不见踪影，到处都是硬化的路面。"再也不用担心下雨天踩得满脚泥了，出行方便了很多，以前这路面会塌，现在也不用担心了"，王大姐开心地说。

前几年我出于玩乐的心态踏上这片土地，那时正值冬季，脚下只有黄色的尘土及干枯的树干、树叶及杂草，一眼望去，看不到彩色的瓦片。再次踏入这片熟悉的环境，道路两旁及路边被荒弃的田地都已被重新开垦出来种上了松树，家家户户都盖起了新房屋。王大姐说："家里没有什么收入来源，还有两三个孩子在上学，没有闲钱去新建房屋，过去家里的土房，外面下大雨里面就下小雨，瓦片有时候会掉下来十分危险。现在政府向贫困户的危房改造提供了很多补贴，才能把房屋修起来。"事实上，王大姐家只是这个村庄的一个缩影。

王大姐说，政府除了在道路、房屋等方面大力投入外，还为精准扶贫户分发大米、植物油等食品。另外，对建档立卡户、精准扶贫户危房改造等给予的现金补助达1万~1.5万元，各户依具体情况也会有所不同。

在S村，由于当地土壤较为适宜栽种苹果树，当地政府便大力鼓励农户种植苹果，还配备了专业人员教授修剪技术，如今村民们不但能吃到自家种的苹果，而且可以将自家的苹果卖给商贩来获得经济收入。以前，由于经济原因，苹果都是过年才能吃到的；如今，他们家家户户都住上了新房子，解决了后顾之忧，生活开始踏上了新征程。

[感受体会]

此次调查走访我看到了脱贫攻坚所取得的成果。走在乡村崭新的道路上，想起之前一下雨就没法走的路，感触颇深。脱贫攻坚体现了党中央为人民谋福利、谋幸福的决心，是人民幸福、美好生活的必要基础。作为青年学子，我们必须及时补充自己的知识，努力提升自己，扎根基层，紧跟党中央的步伐，努力为国家的发展、人民的幸福贡献自己的一分力量。

（社会工作2020级　石锦雄）

贫困户"智"富

扶贫是政府一直推行的政策，目的是帮助贫困山区的贫困户精准脱贫，为贫困户传递致富之路。如若贫困是高耸险峻的大山，那我们就必须立下愚公志，不断努力，相信一定可以翻过去。精准脱贫这条道路，就算荆棘丛生，但只要有恒心，就一定能抵达胜利的终点。暑假期间，应学校希望大学生去调查身边的脱贫故事的要求，我去了贵州省威宁县金斗乡高田村的村委会调研，深入扶贫一线，感受扶贫之路，见证贫困户脱贫之道。

一、主动踏进贫困村，在扶贫一线发现贫困户

我通过熟人介绍，与村委会主任进行了初次交流，希望自己可以跟着村委会人员走访精准贫困户居民，了解扶贫干部的扶贫工作，这个请求得到了村主任的允许，村主任对我的加入也很欢喜，所以每次村支委人员下村了解贫困户的时候，我都会跟着去观察和做一些自己力所能及的事。在为期一个月的扶贫之路上，我感触颇多，我看到了好的现象，也看到了不好的现象。政府在扶贫的道路上很辛苦，贫困户的情况也是多种多样的。在实践的过程中，令我印象最深刻的是一家贫困户的蜕变。

二、贫困户"智"富蜕变之路

贫困户的户主是地地道道的农民，家里七口人，有五个孩子。户主的妻子不认识字。五个孩子的生活费、书本费、学杂费，还有户主自己的负债等，

压得夫妻二人喘不过气来。家里只有简简单单一层的两间平房，都没有装修，家庭条件极其不好。当地乡政府扶贫办了解到他家情况后，对其进行了仔细评估，并将其纳入精准扶贫户。在政府的帮助下，新房子盖好了，只是还没有装修。家里的五个孩子也慢慢长大了，但都还在读书，大女儿在贵阳读大学，二女儿在遵义读大学，三女儿在上海读大学，四女儿在威宁读高中，小儿子在隔壁云南读初中。这让我很感慨，这是一对多么了不起的农村夫妇，培养出这么多优秀的孩子。当我和调查人员走进他家时，只看到几件简陋的家具，但家里还算干净整洁，最显眼的就是柜子上和墙上贴得满满的一张张奖状。当时我就在想，这家人这么努力地生活，走到现在真的很不容易。在政府的支持下，他家开始发展养殖业，养猪、鸭、牛和鸡，开始通过劳动脱贫，并不断发掘自己的致富之路。

[感受体会]

通过此次调查，我深深地意识到人民的生活水平有了很大的提升，但每个人也要在政府各级力量的帮助下，找到属于自己的致富路，改变"等靠要"的固执思想。文化扶贫是精神扶贫，"扶贫先扶智，增强贫困人口自我发展能力"是文化扶贫的重要意义，各地方要发挥带头作用，强化文化扶贫在脱贫攻坚过程中的"扶志""扶智"作用，积极巩固脱贫的成果。

本次调查的心得体会如下：第一，用"心"去扶贫。对基层贫困群众，干部应该走到贫困户家里，用心去体会群众的需求，严格抓好脱贫攻坚中的每一项工作。第二，用"新"去扶贫。扶贫是民生工程，意味着道路坎坷，干部在实施工作之前要充分尊重群众，了解群众的问题和需求，初步了解他们的未来规划，在后期的整改过程中及时更新存在的问题。打赢脱贫攻坚战，是逐步实现共同富裕的基础和前提。精准扶贫意味着精准施策。各地要如实调查，在研究的基础上，才能对症下药。对有劳动能力的可以扶持生产和就业帮助实现脱贫；对居住地一方水土养不起一方人的可以搬迁实现脱贫；对丧失了劳动能力的可以通过低保政策实施兜底扶贫；对因病致贫、因病返贫的可以进行医疗救助帮扶，切实做到"一把钥匙开一把锁"。

这就是我暑假的调查，它增长了我的阅历，使我亲身体验到贫困群众的艰辛，以及基层干部设身处地为人民群众谋福祉的举动。我相信贫困不是一两天产生的，要想根治，也不可能毕其功于一役，必须和发展相结合。我作为一名党员，要时刻牢记自己的使命，为人民服务，从身边的小事做起，在脱贫攻坚的道路上尽自己的绵薄之力。始终为社会主义奋斗终身，相信在政府的带领下，全国人民共同致富，实现人民的美好生活，提高人民的生活质量。

（社会工作 2020 级　邹亚苹）

扶贫岁月长，一点茉莉香

在以前，人们对贵州的印象就只有"天无三日晴，地无三里平，人无三分银"。随着社会经济的不断发展，这样的窘迫状况大部分已然被解决，不过还是难免会有经济之手照拂不到的地方，或是意外，再或是其他原因致贫。但这样的状况终究会被一个人带领着一群人打破。

岁月总是会光顾每一个人。有人在这段被光顾的日子里成功，也有人可能失败；有人在这段被光顾的日子里收获幸福，也有人可能收获痛苦。在贵州省遵义市播州区保利社区塘湾组里就有这样一个在岁月里因意外获得无尽痛苦的家庭。

在操持家务和做农活上都是一把好手的阿琴是一个典型的农村妇女，家里有两个懂事的孩子，而丈夫则是在一家不大的公司上班。2005年公司的业绩还算不错，所以就组织员工一同前往贵州省遵义市余庆县大乌江镇旅游，阿琴的丈夫也在其中。在其丈夫出游的第二天清晨，薄雾还未散尽，旭日东升，山川河流全都沐浴在金色的朝晖里。吃完早饭的阿琴像往常一样拿出家里的镰刀和施肥水桶前往自家的自留地给快要成熟的蔬菜除草、施肥。忽地，她感觉平时一向健康跳动的心脏狠狠地抽痛了几下，像是要蹦出体外似的不受控制。但是，她并没有想太多，只是走出地里将水桶放下挺直腰杆休息了几分钟，待到疼痛感平息又继续做农活。傍晚时分，夕阳西下，漫天红霞昭示着农民们该回家了，此时的阿琴却与以往不同，已经早早地回到家，为家人准备好了饭菜，和已经放学回家的儿女们等着丈夫回家吃饭。但是左等右等，等到了晚上8点，还是不见人影，母子三人只好留下一些饭菜并开始吃饭。晚上9点，家门终于被敲响了，但阿琴打开房门看到的不是丈夫而是村支书。只见村支书面带哀痛地说："阿琴啊，我给你说个事儿。刚刚我接到了一个电话，电话里的人说，你丈夫今天下午在余庆乌江河里游泳，不幸被河水给冲走了，你要好好保重……"这个消息如晴天霹雳，还没等村支书将话说完，阿琴就立即昏死过去。苏醒过来的阿琴面对丈夫的突然死亡内心痛苦不堪，但她依旧面色坚强地起身准备丈夫的后事，因为她明白，她不能就此倒下，她还有子女要养活，有老人要赡养，如果她再有什么事情，这个家就真的完了。

起初，纯朴勤劳的阿琴种地卖菜可以勉强维持一家人的日常生活和儿女的学杂费。但当儿女逐渐长大，特别是，当女儿考上大学后，面对高额的学费阿琴更是心有余而力不足。儿女二人也几乎一度想要放弃学业。

但幸运的是，为落实习近平总书记提出的"精准扶贫"政策，保利社区居民委员会成立了专门小组，组织社区全体人员认真学习"精准扶贫"政策思想，贯彻落实"精准扶贫"工作，对社区居住户进行挨家挨户面对面访谈，再经社区居民代表进行评议后确定精准扶贫的住户，并针对她们的情况制定一对一的帮扶计划，帮助困难户摆脱贫困，实现小康生活。

阿琴家因失去主要劳动力，有老人要赡养，还有儿女未完成学业，所以被评定为保利社区的精准扶贫户之一。在确定为精准扶贫户之后，社区扶贫办工作人员对阿琴户进行线上线下的关切问候，认真耐心向他们解释有关精准扶贫的相关政策，并派出相关人员对他们进行心理疏通。在过年过节，社区还会派出专门人员，对精准扶贫户进行走访串门活动，送上精心准备的礼物和最关切的问候。

特别地，在2017年7月，原本考入中国南方贵州电网遵义市郊供电局工作的阿琴的儿子经过一番深思熟虑之后，下定决心离职与妻子自主创业——开美甲店。由于他家庭经济困难，无法承担自主创业的启动资金，在经过一番了解之后，他找到了社区的工作人员，向他们表达自己的创业决心和需要的帮助。根据他的情况，社区的工作人员经过多方联系，最终与一家农村信用社达成了一致，由社区开出相关证明向农村信用社进行贷款，可以享受到3年的无息贷款5万元。到现在，阿琴儿子在农村信用社的贷款早已还清，并且美甲店也从1家开到了3家，算是自主创业小有成就，实现了真正意义上的脱贫。

即使这样,社区对她们的关怀仍在继续。2020年,受新冠肺炎疫情影响,阿琴工作的超市要裁员,社区扶贫人员在听闻这个消息后立即采取措施,主动与阿琴工作所在的超市沟通协调,保住了阿琴的工作。

在精准扶贫政策的帮扶下,日子越过越红火,这就是阿琴一家的真实写照。每当有人提到党、提到习近平总书记、提到扶贫政策时,他们都纷纷竖起大拇指,嘴上连连夸赞:"感谢党,感谢习总书记,感谢好政策。我们家现在啊,真的是不愁吃、不愁穿、不愁住了。"

[感受体会]

虽然,这个故事在国家的脱贫致富历程中并不起眼,但也就是这样的点点繁星组合成银河,带给了我们前所未有的震撼。我亲眼见证了我国9000多万贫困人口稳定脱贫的伟大历程,不得不感慨我们的党真的是将"不忘初心,牢记使命"这句话记在了心里,用在了行动上。

"积力之所举,则无不胜也;众智之所为,则无不成也。"只要全党上下一心,我国人民万众一心,那么任何艰难险阻都将会跨越。

(行管192 蒯佳瑶)

将热血青春洒在异地他乡

他来自1963公里之外的镇海市，他来自镇海区艺术实验小学，他从2019年6月来到贵州省普安县新店小学开始了为期一年的支教生活，他就是吴凯。人们常说因为一座城爱上一个人，但是我们在这一次的专访中了解到的是因为一个人爱上一座城。所谓扶贫先扶智，教育对于脱贫攻坚尤为重要。而吴凯就是这样一个奋战在乡村教育一线的人，一个将青春热血洒在异地他乡的人。

一、用关怀连接心与心的桥梁

2019年7月来到贵州普安，吴凯就被普安县的山水风光吸引了，这里有崎岖不平的山路，有重峦叠嶂的高山，是与江浙水乡截然相反的一个地方。在山路十八弯接着十八弯的盘旋之后，他到达了接下来一年交流所在的普安县新店镇，来到了新店小学。

刚刚来到这片陌生的土地，他也曾彷徨无措；面对一群陌生的孩子，他也曾思考到前路漫漫。他教的是一年级的孩子，刚接触这个班级时，他感受到诸多的不同，这些孩子大多年纪太小、大多是留守儿童、大多连字都不会写，但孩子们期待渴望知识的眼神与山那边的孩子没有任何差别，甚至可以说由于缺乏了太多物质条件，这些孩子更加沉浸在书本知识里面。

在初识之后，吴凯心中蹦出"礼仪、兴趣、均衡、快乐"这四个关键词，这是他迫切想带给孩子们的，也是他这一年努力的方向与行动的痕迹。用抽奖箱、积分卡和数学各类学具激发学生兴趣，并用一些小礼物拉进与孩子的距离。在上好班级的数学课以外，吴凯还先后给学生们上了体育课、音乐课、美术课和卫生保健课，这些在这个小小的学校之前并没有被重视的科目，他尽其所能地给孩子们带来不一样的体验。要求学生们要懂礼貌，会问候会告别，这些应该爸爸妈妈教他们的都由吴凯来完成了；强调上课注意力要集中，严格要求每一位学生，因为他明白对于这些山里面的孩子，学习真的可以改变他们的命运；注重仪式感，在各个重要活动中用心策划，保证让每一位学生都对学校生活有更大的兴趣。放学后，吴凯老师很不放心一些独自回家的孩子，就跟着他们走出校门，步入小道，把他们一个一个送到家，所以这一年可能是他步行最多的一年，但他乐在其中。他深刻地明白这些留守的孩子需要有人陪伴，而自己正是这个陪伴人。

  2020年四五月，由于新冠肺炎疫情的原因学校一直无法开学，吴凯担心孩子们在家里面没有人监督学习，便开启了徒步家访，上门辅导那些不能上网课的学生。一个半月的时间，他累计百公里的脚程，班里55个孩子的家庭都一一走遍。在家访中也发生了很多突发事件。一次，吴凯风尘仆仆地来到孩子所在的村寨，不知怎的导航失效了，怎么也找不到孩子的家。他打电话给家长，得到的回答是：看见一棵大树往右转，再看见一棵大树，听到狗叫就到家了。没有门牌号，没有路的名称，用大树作为地标来指示方位，还是蛮新鲜的，可吴凯是一头雾水，心里暗想，哪有传说中的大树啊！他硬着头皮估摸着往前走。果不其然，15分钟后，一棵七八米的樟树出现了，吴凯见了那个亲啊！他默念着：大树右转，对，一定要右转。"呀，你在这儿！"吴凯禁不住叫出了孩子的名字。不远处，孩子和姐姐玩得正欢，看见老师来了，高兴地迎了过来。为了这次近20公里的家访，吴凯做足了准备，还找人借了一辆山地车，想凭着年轻有体力，把这段路程给拼下来。可事实证明，他完全错了，山里面的路相似又不同。凭借一次又一次的摸索，吴凯也更加理解山里面的孩子了。

  尽管头顶烈日，但看着同学们完成了学习任务、收获了学习经验，吴凯觉得自己做了应该做的事。目前，他们班整体成绩优秀，已初步建立规则意识、任务意识，孩子们喜欢他，家长们感谢他。他想这便是支教最朴实也最闪亮的意义。

作为一名"90后",作为一名镇海艺小的教育新兵,吴凯在来到新店小学之前是带着学习和交流的心态出发的。但到了新店小学之后他发现,他的心态定位已经不符合他作为帮扶队伍的一员了。他立即反思,应该把镇海的教育底气,把镇海教师"自觉+团队"的师德师风,把镇海教育的"互联网+义务教育"这些优质的教育经验,与普安县分享。他明白自己不仅仅是来交流学习,更多的是给这些孩子陪伴,给这些孩子传递一种精神,一种积极向上、不断进取的精神。

二、用行动传递爱与希望

新店镇的早晨是伴随着声声鸡鸣开始的,这里的乌脚鸡在整个普安县都是闻名的。这里房子是四方的,路上是尘土的味道,周围也被大山环抱着。周末的时候,乍一看仿佛回到了语文课本里面描述的集市上,当地的小背篓、小烟斗以及听不懂的方言都让吴凯感到新奇。

吴凯刚到新店小学时,足球场还没建好,路面上都是卡车的泥泞车辙。仅仅两个月时间,当学校再开学时,球场修好了,路面整平了,新店小学终于呈现出一个美丽乡村学校该有的风景面貌。

吴凯说:"渐渐地,我把我在镇海艺小的所得搬到了这里,我也发现原来我觉得自己完成不了的项目,也可以尝试了,或许这就是支教带给我课堂之外的属于一位青年独特的成长所得吧。我也要谢谢宁波到普安的帮扶团队,是大家支持我,我才有动力和勇气去组织山区薄弱学校的送课、捐赠活动,让我的组织协调能力得到很大提升。说实话,在普安待得越久,我感觉责任越重。既然真的来了,就要真正做点事情。"

吴凯在学校里开设思维提升班,持续一个学期。2019年7月8日在新店小学,开展《新课程研究——镇海区艺术实验小学的智慧教育"新生态"》讲座。9月19日邀请5位医疗专家到校送课培训。11月12日在新店小学,执教三年级上册数学学科《长方形和正方形的认识》。2020年6月12日联系镇海区艺术实验小学,开展网络连线直播交流数学教研活动。6月19日在新店小学,执教一年级下册数学学科《找规律》《摆一摆、想一想》展示课。6月

30 日邀请 15 位医疗专家到校送课培训。

在课余时间，吴凯也忙碌着"牵线搭桥"。2019 年 7 月，他跟随当地干部走访贫困家庭时，结识了因为家庭经济困难而辍学的兄妹俩。看到两个孩子稚气未脱的脸庞，吴凯产生了为贫困学子寻找结对帮扶家庭的想法。他立刻联系当地村组织，详细了解家庭情况，同时联系宁波地区有意愿资助的家庭，一个月后，兄妹俩成功和镇海区的爱心人士结对，得以继续接受义务教育，学习生活都得到了保障。之后吴凯也将宁波地区愿意资助的家庭后续寄来的文具、冬衣等物资送到兄妹俩手中。兄妹俩之前完全没有想到他们还可以继续读书，还可以见识到更大更广阔的世界，不用像村里面之前那些人一样早早辍学外出打工。

三、结束也是开始，信念即是力量

2020 年 7 月底，吴凯结束了自己为期一年的支教生活需要回到镇海。他努力克制自己的情绪，和孩子们进行了告别。下课之后孩子们不想离开，因为他们知道自己热爱的小吴老师也要走了。尽管吴凯走了，但他用这一年教给了孩子们受益终身的知识和理想信念。

截至目前，吴凯已经成功"牵线"促成十组贫困家庭学子一对一结对帮扶，帮助当地孩子重返课堂，继续接受教育。另外，他多次组织镇海爱心人士捐赠图书、衣物等物资到各个贫困山区学校。

吴凯说，刚到普安时因为生活能力的不足他多次陷入窘境，来之前他没有想到竟然还有地方是没有独立卫生间的，自己平时用的东西在这里是买不到的，进县城一次需要好几个小时。幸运的是，新店小学的领导们和同事们都很关照他，不厌其烦地帮他解决这些鸡毛蒜皮的小事。镇海区到普安支医、支教的挂职干部们也很照顾他，因此他也听到了很多他们的故事。每位挂职干部都想方设法，为普安贡献自己的力量。

吴凯在结束支教之后这样说道：挂职支教有期，但责任担当无限，我愿成为镇海与普安的一名年轻的使者，在未来继续架构教育沟通的桥梁！

四、付出也是收获，担当即是责任

从吴凯身上我看到了中国教育的发展，很多人都说农村的教育跟不上城市的教育，但是也有一批又一批像吴凯这样的人正在努力改变这种现状。这些优秀的青年教师群体来到西部为西南地区的教育正源源不断地贡献自己的力量，为了西南地区的发展做出贡献。

宁波市镇海区对普安县的对口帮扶是中国其他省份对口帮扶的一个缩影，他们从教育、医疗、工作等不同的方方面面让普安县的群众越来越多地感受到了幸福，这些幸福表现在路变宽了、就业岗位增加了、收入增加了、孩子读书越来越方便了、教学质量越来越高了……也让越来越多的普安县群众更加积极向上，撸起袖子加油干了。其实帮扶并不仅仅是直接给予他们物资帮助，更是要帮助他们掌握一种技能，并且能够学以致用、造福子孙后代。每一个奋战在脱贫攻坚路上的人都是脱贫攻坚路上的基石，没有他们我国全面建成小康社会不可能实现，没有他们我国不可能在短短几年内实现几百万、几千万人的脱贫致富，他们每一个人都是我们学习的榜样，是我们国家不断发展的力量。

[感受体会]

在这一次的寒假实践中，通过线上、线下的调查，我发现了很多在平时容易让人忽略的事实。我之前一直认为在我们那个小县城并不会有多少感人肺腑的故事，直到实实在在去调查才让我知道了没有调查就没有发言权这个道理。这样的实地调查是我们在学校里面很难接触到的，只有更多地去体验生活才能更好地看清社会。

（劳保 191　孔珍）

"扶贫"路上"最可爱的人"

中国幅员辽阔、地大物博，东西地区存在着巨大的经济差异，特别是地处西南地区的贵州省和沿海城市比起来更是经济落后，大部分地区都比较贫穷，有些地区更是深度贫困。我的家乡沿河土家族自治县，地处武陵山集中连片特困地区，是贵州省9个深度贫困县之一，也是铜仁市10个区县中最后一个脱贫县。

党的十八大以来，以习近平同志为核心的党中央把脱贫攻坚摆在治国理政突出位置，团结带领全党和全国各族人民，采取了一系列具有原创性、独特性的重大举措，组织实施了人类历史上规模最大、力度最强、惠及人口最多的脱贫攻坚战。通过这个假期的调研我了解到家乡许多的扶贫先进事迹以及那些扶贫路上"最可爱的人们"。

因为沿河深度脱贫任务严峻，所以在2020年初，沿河发起"决战深度贫困百日攻坚"行动，许多领导干部、公职人员被派到各个乡村进行一对一深度扶贫，致力于帮沿河摘下贫困的帽子。沿河县司法局党组成员、副局长、沙子街道井坝村脱贫攻坚指挥部指挥长崔林权就是扶贫工作中的诸多领导人员之一，这样一位优秀的领导干部却因为心源性猝死将生命永远定格在了48岁，倒在了他为之呕心沥血的这块土地上。他用坚守阻击了贫困，用生命诠释了什么是"全心全意为人民服务"。崔林权同志自3月2日任井坝村脱贫攻坚战指挥长以来每日兢兢业业，日夜坚守在岗位上，从未停歇过，而这个时期也恰好是新冠肺炎疫情最为严峻的时候，身为指挥长的崔林权同志的压力可想而知。

井坝村位于沿河县城东部海拔1000多米的龙头岩下，距沙子街道办事处

12千米，距沿河县城16千米。全村有土地3831亩，耕地2960亩，森林覆盖率为54%，辖7个村民组，属二类贫困村，2018年已出列。2020年有农业人口355户1323人，其中低保户65户107人，"五保户"2户2人，重病户7户7人，残疾人47户49人，建档立卡贫困户92人336人，未脱贫户13户29人，全村扶贫搬迁31户127人，2019年全村集体经济收入为4.7万元，农民人均可支配收入为7200元。贫困发生率由2014年建档立卡之初的25.5%下降到2019年末的2.2%。由以上这些数据来看，想要使得井坝村完全脱贫，任务还十分严峻，领导干部的工作压力也更大。崔林权同志倒在了脱贫攻坚第一线后，记者去采访井坝村村民以及攻坚干部时，他们对于崔林权同志的工作作风，没有一个是不充满敬佩的。村主任评价："崔林权同志什么都是亲力亲为，是真心实意地干事儿，想要帮助井坝村的村民们实现完全脱贫"。村民们一听说有记者来采访，都自觉聚集到村位坝子里，争先恐后向记者介绍他们心目中的崔指挥长。村民吴姐说："崔同志是个人好人，每天起床就看到他在打扫卫生，晚上一两点钟了他们的灯都还亮着，平时他经常来我们家走访，嘘寒问暖的，帮助解决了很多困难，今年我家庄稼受洪灾，他就主动帮忙联系办保险，我女儿初中毕业没考上好的高中，他又帮助联系了中职学校。他去世我们感到很痛心。"记者采访了一圈，无论是村里面的大人还是小孩，都是赞扬崔林权同志的，无一例外。

正所谓："鞠躬尽瘁，死而后已"。崔林权同志用他平凡的身躯、全部的精力、满腔的热血为沿河的脱贫攻坚工作做出了巨大的贡献，他的生命并没有就此止步，井坝村的村民会记得他，同甘共苦的战友会记得他，沿河人民会记得他……他只是一个无比平凡的人，但却谱写出了不平凡的人生！他的精神将永扬，脱贫工作也将必胜！

在沿河县，像崔指挥长这样的扶贫干部还有很多。2021年2月25日，在全国脱贫攻坚总结表彰大会上，文伟红同志被评选为全国脱贫攻坚先进个人。文伟红同志生前系沿河经济开发区管委会企业服务中心工作员，中寨镇大坪村第一书记。2019年7月22日下午6时许，他在村办公室处理完事务后，去大坪村民组查看烤烟产业时，意外触电身亡，牺牲在脱贫攻坚一线岗位上，年仅45岁。

大坪村地处麻阳河国家级自然保护区，此前是中寨镇6个深度贫困村中返贫率最高的村，"十三五"期间，沿河将该村纳入整村易地扶贫搬迁计划。中寨村一位村民说："文书记生前帮我们把村里基础设施改变了，还带领我们发展产业增收，就在他出事的那天中午都还在帮我上炕，指导我烘烤……"自文伟红担任中寨镇大坝村第一书记以来，他带领全村干群铺小康路、饮小康水、迁小康房、兴小康业。他发现村里没有集体经济，便主动去县相关部门反映对接，争取到了30万元部门帮助资金，发展了120亩烤烟，带领全村干部养殖蜂蜜，收入全部进入村集体经济。文伟红曾担任驻村第一书记的大坝村在2020年实现了整村脱贫出列，经文伟红实地调查和积极争取，全村8个组247户1258人均被列为易地扶贫搬迁整寨搬迁对象，全部迁入城区。文伟红同志生前挂念的建档立卡贫困户144户758人也于2020年全部脱贫。如今的大坝村已经发展得越来越好，相信文伟红书记泉下有知，也可以安心"休息"了。

　　以前老是听见什么"精准扶贫""下乡驻村""全面脱贫"，听了那么多遍也不知道具体是做些什么的，直到这次我深入实地调查了解后，才发现全国的脱贫攻坚任务，特别是我们贵州脱贫远比我想象中的艰难许多。"摘帽"并不意味着结束，而是意味着新生活、新时代的开始，在这场波澜壮阔的脱贫攻坚伟大实践中，涌现出一批政治坚定、表现突出、贡献巨大、精神感人的杰出典型。这群最可爱的人们向我们展现了中华民族扶贫济困、守望相助的传统美德和社会主义核心价值观，他们用生命诠释了中国人民改革创新、攻坚克难的精神风貌，书写了人类减贫史上的奇迹，为全面建成小康社会做出了重要贡献。

　　贵州省是全国唯一一个没有平原的省，由于多山导致贵州交通建设极为困难，交通落后，信息闭塞，从而导致经济落后、体制落后、教育落后、思想落后……这些因素使得贵州的贫穷陷入恶性循环。贵州人民从小到大多多少少都会听见一些关于贵州穷的言论，其实听见这种言论时内心还是有些不好受的，但是我们也无法反驳，因为这毕竟也是事实，我们能做的就是努力摘掉贫困的帽子。贵州虽然穷，但在这片贫瘠的土地上无论是群众还是干部，他们面对如此严峻的脱贫任务从不退缩，而是致力于让自己的家乡变得更好。

在这脱贫的漫漫征途中，有些人甚至为此献出了自己宝贵的生命，他们都是我们心目中最可爱的人，他们的光辉事迹我们将永远铭记！千年梦想，决战今朝，事实证明我们贵州人民做到了！

[感受体会]

听闻了这么多的扶贫事迹，不由得感慨这项攻坚战的不易。以前没深入了解脱贫攻坚战的时候，就觉得只是去扶一下贫，没什么困难的。而深入了解过后，才发现这项任务所面对的艰难险阻是我们无法想象的，许多"最可爱的人们"倒在了扶贫的道路上，他们积极投身脱贫攻坚一线，将自己的生命奉献给了祖国和人民，用实际行动谱写了一曲新时代脱贫攻坚的壮丽赞歌。从来都没有什么岁月静好，只不过是有人在替你负重前行罢了，身为祖国未来的栋梁，作为当代大学生的我们更应当积极投身于攻坚战之中，多去了解、去体验，为自己的家乡，为我们的祖国出一份绵薄之力。

（行管192　罗嘉恬）

我身边的脱贫与扶贫故事

2021年2月25日，全国脱贫攻坚总结表彰大会在北京市人民大会堂隆重举行。在表彰大会上习近平总书记庄严宣告：经过全党全国各族人民共同努力，在迎来中国共产党成立一百周年的重要时刻，我国脱贫攻坚战取得了全面胜利。现行标准下9899万农村贫困人口全部脱贫，832个贫困县全部摘帽，12.8万个贫困村全部出列，区域性整体贫困得到解决，完成了消除绝对贫困的艰巨任务，创造了又一个彪炳史册的人间奇迹！这是中国人民的伟大光荣，是中国共产党的伟大光荣，是中华民族的伟大光荣！听到这一消息我不禁将目光放到了我生长的村寨。

我的家乡是贵州省安顺市郊外的一个村寨，从小我跟着外婆在村子里走街串巷，在我眼中，村子里的每一家都是一样的，大家既不富裕，也不贫穷，尚且处于温饱阶段。这个认知一直持续很久，直到有一次遇到我家楼下邻居，我外婆与他交谈的话让我产生了疑惑。随后我询问外婆才得知，原来我处于温饱状态的家庭只是村寨中的部分现象，还有一些贫困家庭正在为了吃饱穿暖而奋斗。

村里有一位年轻人出生于1991年，2岁时患上小儿麻痹症，导致他下肢瘫痪。当年由于家境贫寒，无力支撑高额的医疗费用，家人不得不放弃治疗。即便命运无情地打击了他，但他仍坚强地继续生活。他通过自学，感悟了许多，开导自己，选择向阳的人生。

随着时代变迁，国家扶贫政策进一步推进，他享受了更好的国家政策。他与妻子在2014年向黑石头村委会提交贫困户申请，经村委评议并报办事处批准被列入精准扶贫对象。从那天起，包保干部周同志、办事处和村支"两委"

的同志每周都会到他家里来，给他们讲解脱贫攻坚政策，因户施策对他家进行帮扶，深深温暖了他们的心。

通过帮扶，2019年他家各种收入加起来达到了70790元，2020年达到75529元。他家之所以能脱贫是因为有政府部门的帮扶，比如给其母亲解决了就业问题，在村里打扫卫生，每月800元；参与花鸟市场产业，每年分红2400元；加入村办事处企业，每年分红700元；他与妻子每月领取特困供养金1934元。"这些都完全仰仗党的扶贫政策好，以及帮扶人干部的辛苦，这一份感情我一生一世没齿难忘。"他感动地说。

党的脱贫政策让还在为温饱挣扎的家庭实现了温饱的愿望，让有缺陷的残疾人的家庭有了一份体面的收入。除了这位被扶贫者的故事，我还了解到了我们村扶贫干部王鹏的扶贫故事。

2017年，王鹏被安排到黑石头村驻村，据他回忆道："我与村民沟通交流后便发现，黑石头村有劳动能力的家庭绝不坐等，大家都很努力为自己创造财富，只有一部分家庭因学、因病、因残，导致无法过上富裕的日子。

"黑石头村487户2366人，确定的贫困户有6户24人。有那么一家人，让我印象深刻。2018年1月5日，我走进他家时，他已经病得坐不起来，由于鼻咽癌的病痛，他的鼻子一直流血不止，妻子守在床边，用卫生纸为丈夫擦拭着血迹。他当时说话也已经发音不清晰，据其妻子描述，他一年前就已经查出患有鼻咽癌，为了照顾他，妻子只能待在家里，有时间就种些菜解决吃饭问题，儿子和儿媳妇在外打工，每月寄些钱回来维持家用，之前虽然过得还算富裕，但是昂贵的治疗费让这个家庭支付不起，他本着不为家庭添负担，不为政府添麻烦的思想，坚持不去治疗，几次从医院跑回来，家人劝说也不行，儿子几次想找村里帮忙都被他制止了。直到病重，才从邻居口中得知他的事儿。我当时与村支'两委'、同步小康驻村工作组、区突击队员赶到其家中，看到他的样子，我很痛心。当即就回来召集村干部为其募捐，帮助这个家庭。驻村干部、包保干部及村干部一起开会决定，召集村辖区企业、检测站及安普公司为其进行募捐，第二天我们就在安普公司大厅募捐到了8300元。他的事情也让村民感动，纷纷自发为其捐款，后期村民自发捐款共计13800元。遗憾的是他最终未能战胜病魔。他不幸离世后，他的儿子及儿媳妇从外省回来，照顾母亲和孩子，我及村委干部一起为他家争取了一个'一村七岗'的岗位。如今其子在外面做保安，一个月有3000多元的工资，儿媳妇也在城区上班，一个月有2000多元，家庭生活也越来越富足。"

王鹏说，他时常听到脱贫户发自内心深处的感激之情："感谢政府让我们过上了我们都没有想到的好生活！现在我们脸上流露出来的笑是真心的，真心地欢迎你们来我们家里喝喝茶，说说话。我们也没有什么困难了，现在日子越过越富，欢乐越来越多了。"

当我知道这两个故事后不禁回想起母亲在家时偶尔的感叹。我的母亲是一名小学教师，学校的学生们基本上都是村寨和附近区域的孩子，或是从乡下跟随父母到城里打工来就读的孩子，他们的父母很少是有稳定单位工作的，大多数是在县城找临工做或是外出打工挣钱。因为家境的窘迫，很多孩子年纪不大就要撑起家中的一切家务，小小的肩膀上扛起了家里的起居生活。母亲看到这些孩子常常感叹：这些娃娃太可怜，父母不在身边，家中又没有稳定的经济来源，只能靠省吃俭用来生活。为此，母亲常去最贫困的几个学生家中看望，时常买些常用物品以及家中富余的衣物到学生家中座谈，深入了解学生的家庭情况和学生的心理健康。班级期末考试结束每位同学都能收到一份小礼物——糖果。母亲力所能及地帮助着她的学生们。

扶贫工作其实一直在我身边进行着，只是我未曾关注身边的人和发生的事。近年来，随着扶贫工作的加强，贫困户正在减少，楼下邻居有了一份工作，在家中也长时间未曾听见母亲的感叹。放眼望向村寨，望向学校，都发生了巨大的变化。曾经的小学扩建了，老教学楼的外墙刷上了颜色。村里泥巴路全部变成了水泥路，走夜路也不再是漆黑一片，晚上还能在小广场上跳跳广场舞。生活变得有滋有味。

人生如梦不是梦，因为太真实；生活如水不是水，因为有苦涩。人的一生中，许多事情在于自己，很多感受在于个人，心大路则宽，心小事则难。但如果一直向阳奔跑，前方必然是天堂。

[感受体会]

通过此次对身边脱贫与扶贫的关注，我忽然发现许多我认为与我没有密切关系的事情其实就发生在自己身边。曾经的小学变大了,老旧的教学楼的外墙刷上了颜色。村里泥巴路变成了水泥路,回家的道路不再漆黑,寨子附近有了可供老人和幼龄儿童聊天玩耍的场地。身边的一切悄无声息地变化着,这不仅是城镇发展的原因,更是国家扶贫政策的贯彻实施。其实,多多关注身边的小事就会发现。通过身边小事可以发现国家大事,而国家大事一直潜在影响着我们身边的小事。

(土管181 付旖旎)

小小螺丝钉，不凡的精神力

2020年末，我国脱贫攻坚战取得了全面胜利，完成了消除绝对贫困的艰巨任务。这是全体中国人民万众一心摆脱贫困的决心与行动的见证。其中不得不提的是那些工作在一线的工作人员，他们不畏艰辛，心中始终牵挂着人民群众，任劳任怨，只为能让群众得到最切实的帮助，从而改变贫困现状。

习近平总书记说："钉钉子往往不是一锤子就能钉好的，而是要一锤一锤接着敲，直到把钉子钉实钉牢，钉牢一颗再钉下一颗，不断钉下去，必然大有成效。"① 基层工作中最可贵的便是这种螺丝钉精神，拥有崇高的事业心和强烈的使命感才能真正做到"干一行、爱一行、钻一行"。在贵州省贵定县高原村，有这样一个人让我印象深刻，他就是宝山街道高原村驻村干部肖德堂。2018年5月23日，他响应政府号召，自愿报名到宝山街道高原村脱贫攻坚驻村工作队工作，与其他战友一同成为同步小康工作组中的一员。

作为外地人，肖德堂初来工作队时因口音不同导致交流不顺畅，然而眼前的困难并不能动摇他的决心。他走上田间地头，走门串户融入群众，深入基层，与村民们聊各种家长里短、庄稼收成等，真正做到吃住在村里，下沉到群众中，全身心地投入工作中。身为资料员、信息员，既要接收街道指挥所的各项指令，又要收集网络员上报的各项数据指标，做好各种资料的收集归档，他深知肩负上传下达、协调调度使命的重要性，因此丝毫不敢懈怠。也正因这项工作，使他能对全村137户贫困户、6户边缘易致贫户、102户低保户、47户易地扶贫搬迁户、26户危改户每家每户情况烂熟于心，全村773

---

① 习近平谈治国理政（第一卷）[M]. 北京：外文出版社，2018：400.

户农户的基本情况都了然于心,成为队长的参谋、工作队的中枢。这些年的工作,让他对"吾心安处即故乡"有了更深刻的理解。曾经因解决群众引水问题而挑灯夜战的战友们挨家挨户动员群众的情景让他记忆犹新;为让困难群众过个好年,战友们冒着严寒天气送油送米的温馨画面犹在;村民们在生活中的互相关心和帮助常记心中。这一场全体中国人民与贫困的战斗将他与这个村子连在一起。抱着"贫困不除、愧对历史;群众不富、寝食难安;小康不达、誓不罢休"的誓言,高原村的扶贫工作也如约走上正轨,实现了137户477人的贫困人口顺利脱贫,坚持不懈抓好教育保障、医疗保障、住房保障、饮水安全保障、兜底保障、易地扶贫搬迁、产业扶贫、就业扶贫、生态扶贫、金融扶贫十项保障工作落实,全面巩固提升"两不愁三保障"水平,高质量巩固脱贫成果。在工作中,他无疑是恪尽职守的,但对于自己的小家而言,他却是不称职的。在妻子怀孕期间未得到他的丝毫照料,就连临盆他也未能守在身旁,错过了妻子的分娩,对于一个父亲与丈夫而言,这是遗憾的。在工作与家庭之间,他选择了坚守岗位,也因此错过了女儿的降临,但一想到正值脱贫攻坚第三方评估前准备工作的重要阶段,他仍选择了做一颗合格的螺丝钉,坚守在脱贫攻坚一线。人不过是沧海一粟,在短暂的一生中,我们的人生应该有意义,不留遗憾,他做到了,他准确定位自己,做一行爱一行,在平凡的工作岗位上做出不平凡的贡献,成为一颗合格的螺丝钉,实现了人生的意义。

2015年以来,全国累计选派290多万名驻村干部,累计选派第一书记51.8万名[①]。干部下基层是党和政府贯彻执行根本工作路线的有效方针,对加强"官与民"之间的连接起到了良好的作用。通过党员干部下基层的方式,充分发挥螺丝钉精神,将扶贫工作落到实处,真正地做到解民之忧。

[感受体会]

作为新时代的大学生,我们肩负着重大的历史职责和使命,这不只是一句口号,更要求我们付诸行动。我们参与祖国建设的最佳方式就是社会实践。

---

① 扎实推进抓党建促决战决胜脱贫攻坚 为夺取脱贫攻坚战全面胜利提供坚强组织保证[EB/OL]. http://www.qstheory.cn/dukan/qs/2020-11/16/c_1126739278.htm.

社会实践活动不仅为我们深入了解社会现状提供了契机，同时在此过程中也可提升个人能力和思想境界。

在这次实践中，我的感受不同于以往，这段经历必将对我日后的学习和工作大有裨益。这一次的社会实践让我对自己的家乡及家乡的人有了更深的认识。这些工作在一线的人员，他们紧跟时代发展，投入为实现中国百年奋斗目标的征程中，且不畏艰难、一往无前，这种强烈的使命感让我动容。这次社会实践增强了自己与他人交流沟通的能力，并且对于爱国精神有了更深的感悟。

人的一生尚且短暂，拥有一段有意义的人生更加难能可贵。在实践中不仅是倾听他人的故事，也是对自己的鞭策，在实践中学习，在实践中成长。

（土管181　颜正琴）

我身边的脱贫人

"到 2020 年现行标准下的农村贫困人口全部脱贫,是党中央向全国人民做出的郑重承诺,必须如期实现。"① 习近平总书记在决战决胜脱贫攻坚座谈会上发表重要讲话,向全党全国人民发出了决战决胜脱贫攻坚的总攻号令。如果说脱贫攻坚面对的是一个巨大的堡垒,那么每个脱贫人就是组成堡垒的巨石,而扶贫人则是攻克堡垒的一股强大力量!

受益于脱贫攻坚政策的人民有很多,遍布全国各地,在我身边就有这样一个家庭。在河套平原上有一个小山村里住着姚叔叔一家四口,他家有两个儿子,家里仅靠 30 亩地供养两个儿子上学和家里的生活开支。常听外公说农民都是靠天吃饭,气候好庄稼就长得好,收成多,生活就会相对好点。相反,洪涝干旱就会导致农民几乎没有收成,生活很艰难。姚叔叔说,为了把孩子读书钱省出来,他和妻子两人一天分着吃一个馒头那是常事。好在不管生活多艰苦,两个孩子都很争气地考取大学,他们都很懂事。为了减轻父母负担,他们坚持勤工俭学,寒暑假再也没回过家,一直在外打工赚取学费和生活费,做过许多兼职,比如餐厅服务员、派发传单等。当聊到这里时,他家的大儿子表示自己很知足,不论生活给予这个家庭多大的艰难,他们都努力坚持完成自己的学业,和其他同学一样可以感受大学中的学习和生活。就在一家人的生活有所好转时,姚叔叔的妻子被检查出直肠癌,让原本不富裕的家庭更加困难了。当得知自己患有癌症时,阿姨心里萌生了放弃治疗的想法,因为在她心里最重要的还是要让两个孩子完成学业,不想让自己的病拖累一家人。

---

① 习近平出席决战决胜脱贫攻坚座谈会并发表重要讲话 [EB/OL]. http://www.gov.cn/xinwen/2020-03/06/content_5488151.htm.

村支书将他家的情况上报大队后，为他家申请了精准扶贫的名额。村支书说道："帮助贫困群众摆脱贫困，让贫困户过上小康生活，是共产党人的职责，是我们党员义不容辞的责任，我们要像对待家人一样，以一种有责任的担当精神，一人一人地帮扶贫困户脱贫。要认真贯彻省、市、县相关政策，做好打赢脱贫攻坚战的决策部署，落实精准扶贫、精准脱贫基本政策。"精准扶贫政策让这一家人看到了生活的希望和国家的温暖。扶贫政策包括：第一，把他家原本快坍塌的房屋重新翻新装修；第二，为他们免费提供"扶贫羊"15只（养上扶贫羊走上脱贫路，姚叔叔说国家政策这么好，我们又怎么能拖后腿，一定要好好养羊争取早日脱贫）；第三，阿姨治病的医药费全部报销；第四，他的二儿子不仅享受到精准扶贫户的学费减免而且读书期间有助学金。村里的乡亲为了帮助他们，经常找一些零活请姚叔叔干，比如到了冬天就会请姚叔叔去杀猪、杀羊，宰杀一头牲口的劳务费200元，每家每户都找他，他也能赚取一些手艺钱补贴家用。

从村里人口中得知姚叔叔40多岁的时候就已经全部白头，因为生活的担子沉甸甸地压在他一个人肩上，那几十年他脸上很少有笑容，唯有几次看到他那疲惫的脸笑容满面是在他家孩子在国家资助下顺利大学毕业参加工作的时候，是在阿姨重病缠身时依靠国家重大疾病费用报销的好政策重获生机的时候，是在他家破旧不堪的小土屋翻新的时候，更是在村支书给他送去"扶贫羊"的时候。他家从食不饱穿不暖到有一个像样的家并且生活质量不断提高，离不开精准扶贫政策的贯彻落实，离不开国家的关怀。就这样，一家人在国家的帮助下脱贫啦！现在的他每天勤奋养殖、种地，照顾妻子，他的两个儿子也顺利大学毕业找到了心满意足的工作，他们表示要努力工作早日成家立业，不再加重父母的经济负担，做一个对国家对人民有用的人。一家人正朝着美好生活迈进。

在脱贫之路上，有许多像姚叔叔这样的家庭，在脱贫干部认真贯彻国家脱贫方针政策的帮助下成功脱贫。2020年是我国脱贫攻坚战的决胜之年，我们党实现了对人民的承诺，14亿中国人共同迈入全面小康。这是中华民族的伟大光荣！

[**感受体会**]

因为我是一个土生土长的内蒙古人，我对脱贫攻坚接触最多的就是大学时期我们班的很多贵州贫困同学拥有精准扶贫名额,有了精准扶贫的帮助,他们首先拥有了学费减免的资助,并且他们每年都会得到精准扶贫拨付的一笔助学金,使他们的学习和生活条件都有了很大的改善,有些出去兼职的同学可以不用再去兼职并把更多的时间花在学业上,伙食质量也提高了。虽然我不是精准扶贫对象,但是我也心怀感恩,感谢国家为我的这些贫困同学给予资助,因为在他们身上我看到了淳朴,看到了真诚,看到了他们想要好好读书的决心,更加看到了他们想要走出大山的渴望。

与外公同村的姚叔叔家就是精准扶贫家庭,外公经常用姚叔叔家的两个孩子来激励我:"人家的两个孩子都很懂事儿,家里这么穷,寒暑假都外出打工,虽然辛苦,但是也坚持努力读书。"于是2020年寒假,我去姚叔叔家和他聊了他家精准扶贫前后的生活变化。姚叔叔虽然头发花白皮肤黝黑,但那饱经风霜的面庞始终洋溢着朴实的微笑。在谈到国家给予他家的帮助时,更流露出无以言表的感激,因为他们一家在扶贫政策的帮助下发生了翻天覆地的变化。我深深感受到了我们国家的精准扶贫、脱贫攻坚并不是一句口号,而是国家真正投入、克服万般困难也要实现的目标。这项政策深入中国的每个省份,帮助每一个贫困家庭走出贫苦,一步步走向幸福。

我们看到了在2020年底国家完成了全面脱贫工作,但是殊不知,为了这一个个贫困人,我们国家,我们扶贫干部付出了多少心血。我们的国家值得我们每一个中国人为它感到骄傲和自豪。脱贫工作的全面实现为接下来的乡村振兴战略的全面实行打下坚实基础,也提供了借鉴。我们将在党和国家的坚定带领下,不忘初心,牢记使命,勇于担当。作为当代青年,我们应该为国家富强、民族振兴、人民幸福做出自己的贡献。

(政治学2020级　王炳瑶)

摸排清底、技术清零

——马蹄镇产业致富之路

"在脱贫攻坚的过程中,有给您留下印象最深的事情吗?"

"2018年前大雪,通过之前的摸排清底工作,我们发现有一户建档立卡的独居老人还未搬迁到新房。我和社区的党总支副书记还有镇民政办的同志担心他的情况,一起去他家送衣服。那时,大雪已经把路全覆盖了……"

黄欢同志,作为贵州省遵义市播州区马蹄镇马蹄社区脱贫攻坚工作主要负责人之一,通过便捷的网络通信工具,边回忆边告诉我们马蹄镇马蹄社区的扶贫故事。

党的十八大以来,在以习近平同志为核心的党中央领导下,我国实行精准扶贫政策,全国人民上下一心,共同努力,在2020年11月23日,国务院扶贫办确定的全国832个贫困县全部脱贫摘帽,近1亿贫困人口实现脱贫,全国脱贫攻坚任务目标已经完成,取得了令全世界瞩目的成就。

但民生工作并没有结束,还需巩固和拓展脱贫攻坚成果。在本次扶贫战役中,全国各地都涌现出无数脱贫攻坚先进典型,他们用实际行动为赢得脱贫攻坚战役贡献了自己的力量,才有了本次扶贫战役的胜利。学校和学院迎合时代的潮流和国家的号召,以寒假社会实践的方式给予大学生一个别样的平台,让我们能够与身处于扶贫一线的工作人员持续对话。

一、摸排重组,探底前进

作为脱贫工作的主要负责人之一,黄欢和扶贫工作人员深知摸排探底的重要性。但任何事情都不是一蹴而就、一帆风顺的。工作刚开始时他们遇到了各种问题与困难：社区扶贫产业未形成规模，在产业脱贫方面作用不明显；部分两无建档立卡户无收入支撑，全靠政策兜底脱贫（低保政策）；个别困难户主动脱贫意识较弱，还存在等、靠、要思想……为解决这些问题，扶贫工作人员付出努力和汗水，想出各种方式不断改进工作方法、提高工作效果。产业未形成规模，就发展农业产业，结合社区集体经济积极对接产业项目；低保兜底，就将集体经济收益部分纳入两无户分红，确保稳定脱贫；对思想不积极的困难户，加强政策宣传，提高群众的自主脱贫意识。一天，两天，三天，四天……在每一个贫困户面前，脱贫人员都努力溯清源头，迎难而上，为马蹄社区的脱贫攻坚贡献了重要力量。

二、技术、补助齐头并进，摸排清零双管齐下

在决定走农业产品发展之路以后，工作组组织社区以发展辣椒、高粱种植为主，同时发展生猪、土鸡养殖业，并引导贫困农户积极参与。针对2019年"两无"脱贫户，在镇财政的支持下，入股马蹄镇金黑马食用菌厂，以入股分红的形式解决了建档立卡未脱贫户家中无劳动力、无力可扶的农户收入，让"两无"贫困户享受了扶贫政策带来的红利。不仅如此，社区还积极鼓励贫困人口对外劳务输出，实现稳定就业。

"而在扶贫发展中，交通是最为重要的，不仅承担着物资运输的重要功能，还起着促进人员流通的重要作用。"黄欢同志向我们介绍到，2018年堰湾组通组公路3.5千米的建成完工并投入使用，标志着马蹄社区各居民"组组通"建设已全面完成。近年来，对多个居民组设施进行了农网改造，实现了社区正常用电全覆盖。此外，为了确保社区网络覆盖稳定，社区通过积极申报，自2020年11月起开始架设冷塘光电光纤网络，涉及贫困户20户，达到社区网络全覆盖。

为了如期完成"清零"任务，由包村领导负责，组织社区干部以及讲习分队长开展全覆盖的摸排，实现村不漏组、组不漏户、户不漏情况的全方位排查，共摸排了社区全部建档立卡贫困户62户，非建档立卡农户737户。摸

排出在"两不愁三保障"方面存在的问题主要集中在住房上,其次在医疗、教育等方面。对于存在住房短板的困难户,进行全覆盖分标段短板补齐;对摸排出的大病人员、"慢特病"人员实行跟踪动态管理,发现一例增加一例,治愈一例销账一例;对摸排出的符合享受教育补助办理条件的学生办理教育资助手续,确保没有义务教育阶段辍学的学生。

总而言之,脱贫工作人员在产业、就业扶贫方面、基础设施就业方面、摸排"两不愁三保障"方面,发现的问题,都在尽己所能,争取通过最全面的"摸排",提供最好的"清零"服务,为人民提供更优质的生活。

三、仰望星空,脚踏实地

黄欢同志说,在脱贫工作中,我们可以仰望美丽的星空,期待并畅想未来的美好生活。当然也更需要脚踏实地,在把握方向的基础上定好位:用好"引领""协助""支撑""辐射"这四个二字词语的含义,始终坚持继承与创新并蓄、管理与治理相辅、输血与造血共融、牢牢把握好扶贫工作队的职责定位。

为改善家庭的经济条件,农村剩余劳动力大多前往城市发展,农村留下极多空巢老人以及留守儿童,埋下了安全隐患。因此黄欢带领扶贫工作人员大力发展产业化生产,实行产业转型升级,发展高质高效的特色产业,提高年轻人回乡发展的福利,吸引劳动力返乡发展。

同时,他们还积极改善农村生态环境和人居环境,减少农业污染,加大农村污染治理,加快了社区城镇化进程。

四、尾声

黄欢同志对我们讲述扶贫故事虽然结束了,但我们仍记得的是"那时,大雪已经把路全覆盖了,我们三个人只能步行,从早上走到中午才到,老人看到我们也挺惊讶……"我们仿佛看到他们深一脚浅一脚地走向老人的家。那蜿蜒曲折、深浅不一的六行脚印里,藏着我们脱贫攻坚时代的缩影——

一步一个探索，一步一个脚印。就如鲁迅所说："这世上本没有路，走的人多了，自然就成了路。"也正是这样一群奋战在一线的脱贫实践人，不断进行摸排探底，排查可能存在的致贫原因，探索现代科学技术的产业化方法，脱贫攻坚任务才能取得如此巨大的成绩。摸排清底，技术清零，脱贫这条无前路可鉴的路上，我们开辟出了康庄大道！

[感受体会]

2020年，在党的领导与无数先进模范的无私奉献下，我们打赢了这场脱贫攻坚战，全面建成了小康社会，向着中华民族伟大复兴稳步前进。无数的经验和例子告诉我们，脱贫，不仅是脱物质上的"贫"，更是脱处境与根本上的"穷"。"摸排清底、技术清零"，马蹄镇用政策与科技的结合，推动产业的发展；用宣讲引导方向，带动思想的转变。在与马蹄镇黄欢书记的交流采访中，扶贫的经验与困境仿佛画卷般徐徐展开。深入调研，研究扶贫力量；深入基层，感悟民生。理论在实践中经历着千锤百炼，不再是书本上跳跃的字符；我们在实践中锻炼着能力，不再是语言上的巨人。

（行管192　周平；社工191　陈杨　胡倩　林潞）

走进易地搬迁扶贫社区

剑河县思源社区是一个易地扶贫搬迁建起来的小区，在这里很多精准扶贫对象足不出户就能够就业。在这个充满温馨和人情味的新型村庄居住着5028名建档立卡贫困人口。

我们走进社区，映入眼帘的是13座移民安置电梯房，三三两两的老人或席地而坐，或围着健身器材拉拉家常，妇女们挑逗着怀里咿呀学语的孩儿或在一起讨论各自刺绣的技巧，或待在一起温习在家政培训老师那儿学到的职业技术，成群结队的儿童欢声笑语，你追我，我追你，走在上学的路上……

欢声伴着笑语，人气映衬着生机，一幅幅幸福美满的画面尽收眼底。思源社区自2018年11月18日成立以来，始终把易地扶贫搬迁安置作为重中之重，聚焦实际入住、旧宅腾空、宅基地处置、农户生存发展、后续融入等各项工作，努力将易地扶贫搬迁工程建成民心工程、民生工程。如何扶贫，社区想尽了各种办法。

2019年，社区相继开展了菌类、家政、刺绣、厨师、电工、美容美发及残疾人等劳动技能就业培训800多人次。此外，还开展"不等不靠、艰苦奋斗""精准扶贫不是养懒人"等思想培训会，不断增强贫困群众脱贫致富的信心。

搬得出，最终还要"稳得住"，社区努力让易地搬迁群众在家门口就业。2019年，社区利用门面和在空地建厂房的形式，建立了食用菌家门口就业站。就业站主要是削菇，实行计件领薪，解决了搬迁移民100多人家门口就业。为解决就业问题，社区还以招聘公益性岗位的形式解决搬迁移民就业277余人。劳动力2454人已解决1892人就业，其中，县内就业821人、县外省内就业213人、省外就业893人、解决家门口就业90余人。①

剑河县委、县政府多方协调资金，在社区创办了城关五小和思源幼儿园，让社区农户的孩子走出家门就能上学。还开设了"爱心儿童托管班"和"社区儿童之家"，让接孩子的大人们也有学习的地方。同时设立青年之家，为学生请来社会爱心志愿者免费授课、传递知识，开阔孩子们的视野，让农村的孩子也看得见外面的世界、听得到大海的声音。

社区的细心不仅仅体现在关爱儿童方面，这里每一个角落的布置都充满了爱心。职工之家、职工书屋、文化活动室、图书阅览室、妇女之家、综治中心、温馨调解室、社区卫生服务中心、多功能室一应俱全、应有尽有，能够基本满足搬迁群众的文化生活需求及开展日常办公服务，也为居民陶冶情操提供了一个温馨的场所。

公共服务体系逐渐趋于完善。根据实地调研，我发现其安置点内设有社区服务大厅，群众的种种问题都可以在此咨询并得到解决。搬迁群众及其子女基本实现就近就医就学。在安置点内也有各类商铺可满足安置点居民的日需品。就业培训体系尚且在发展阶段，安置点内的企业在政府的大力支持之下为居民们提供了扶贫车间、公益性岗位等就业渠道，在进入企业后会有专门的技术培训。文化服务体系较为完善，安置点周边设立有幼儿园和剑河县城关第六小学，居民们的子女可以得到就近高效的教育。安置点内还设立有图书馆、娱乐锻炼设施等。易地搬迁社区是个"大杂烩"，这里的群众来自全县不同的偏远贫困山区，苗语、侗语和饮食行为各有差异，互相之间都特别生疏，加上孩子的就近上学问题、接送问题、学习问题等，刚来时移民百姓显得有些焦头烂额。为了解决这一系列问题，在县委宣传部和文体广电旅游局的指导下，社区组织了民族文化传承大队，让苗歌侗歌相互融合、腰鼓舞广场舞相互陪衬、芦笙打鼓相互伴奏，村民过得其乐融融。

搬迁地的产业有食用菌产业园和服装制造厂。食用菌加工企业的商品在剑河县内以及临县销售。服装制造企业制造的服装一部分出口海外，一部分接单制造校服。产业收益情况一般，虽然有政府的大力支持和企业员工的努

---

① 欧阳章杰. 剑河　干群同心战贫困　小康路上不掉队［N］. 贵州日报, 2020-09-23.

力，但仅能维持企业的基本运作，产业发展需要有更多的特色来吸引投资。

易地搬迁点产业对促进搬迁居民的就业做出了巨大贡献，为许多文化水平不高、又要照顾家庭的人提供了工作岗位。企业还为他们提供了上岗培训的机会，并且工作地点就在安置点内，利用休息时间回家照顾老人小孩都很方便。

[感受体会]

在本次实践过程中，我们得到了剑河县人民政府以及社区工作人员的积极帮助，使我们的实践调研得以顺利地进行。安置点产业的工作人员也热情地接待了我们，向我们介绍了其产业的特点，耐心地回答了我们的每一个问题。在此过程中，我们团队感悟最大的就是国家的政策真的给住在交通不便、产业不发达地区的群众带来了福音。在安置点周围我们看见了完善的基础设施，如社区医院、幼儿园、超市，以及政府大力支持的企业等。安置点的大部分年轻人选择了外出务工，还有一部分就留在了安置点的工厂里，而老年人也可以在小区打造的娱乐设施里丰富自己的晚年生活。

通过本次社会实践活动，我们得到了许多提升自我的机会，促进了我们的全面发展。首先，锻炼了我们对事情的计划性，要将实际活动内容和具体实践安排有逻辑性地规划好才能保证后续工作的顺利进行。其次，实践过程中最重要的就是沟通，我们通过一次次地与人交流，逐渐掌握到了沟通的技巧，我们的沟通方式决定了受访者会不会将真实想法告诉我们，我们会不会得到真实的调研报告。最后，我们作为一名共青团员，在与人民群众的广泛接触、了解交流中，受到了深刻的教育，思想得到了启发，社会责任感更强了。

（土管181　黄炬）